Kurts neue Geschichten

Prolog

Was ist eine Kurzgeschichte?
Sie ist eine kleine Schwester der Romane und bietet den Autoren ein großartiges Spielfeld sich den Lesern mitzuteilen!
Kurzgeschichten haben in den letzten Jahren eine immer größere Fangemeinde gefunden und ich würde mir wünschen, auch Sie für diese „kleine Schwester" begeistern zu können!

Kurt von der Heide

Kurt von der Heide

Kurts neue Geschichten

Humorvoll und Nachdenklich
Traumhaft und Anzüglich

Bibliografische Information der Deutschen Nationalbibliothek:
Die Deutsche Nationalbibliothek verzeichnet diese Publikation in der Deutschen Nationalbibliografie; detaillierte bibliografische Daten sind im Internet über http://dnb.dnb.de abrufbar.

© **2014 Kurt von der Heide**

Herstellung und Verlag: BoD – Books on Demand, Norderstedt
ISBN: 978-3-7357-8104-8

INHALTSVERZEICHNIS

Früher war alles besser - 7
Das Kunstwerk - 10
Ein Leidenschaftliches Ehepaar - 12
In einem Schnellimbiss - 15
Eine mörderische Familie - 20
Jack the Lipper - 25
Geschäftsreise - 46
Tristan - 49
Urlaub an der Nordsee – 57
Blind Date - 65
Gesichter und Gedanken - 68
Mein BH und ich - 73
Der Flaschengeist - 78
Der neue Chef - 84
Tabea stirbt zweimal - 87
Hypnose - 102
Dem Täter auf der Spur - 106
Epilog - 117

FRÜHER WAR ALLES BESSER

Wer von den älteren – und vielleicht auch jüngeren – Menschen, hatte nicht schon einmal den Gedanken: Früher war alles besser!

Dabei werden diese Gedanken nicht nur in die Richtung der eigenen Erfahrungen gelenkt, sondern auch das große Ganze wird mit einbezogen. Dabei stellt sich aber eine Frage: Warum früher?

War denn alles besser in einem wohlbehüteten zu Hause? Oder vielleicht in der Schule, wo noch Zucht und Ordnung herrschten und die Lehrer respektiert wurden – im Gegensatz zu heute? Oder in den Lehrjahren, die ja bekanntlich keine Herrenjahre sind und doch einem das Rüstzeug gaben um eines Tages seines eigenen Glückes Schmied zu sein?

War es denn wirklich so ein anderes, besseres Leben oder ist das etwas das wir uns einfach nur in unseren Träumen wünschen – eine Zuflucht sozusagen?

Und dann die Entwicklungen in dieser Welt, in dieser Gesellschaft – alles wurde immer schneller, besser, moderner. Das erste Auto, das erste Flugzeug, der erste Mensch auf dem Mond. Wer hätte denn an Handys, Computer und Internet gedacht? Alles Dinge die für uns heute fast unverzichtbar sind. Trotzdem: Es war früher alles irgendwie langsamer, übersichtlicher, ruhiger – zumindest fühlt es sich so an.

Es gab keine Atombomben, Pestizide oder Ölteppiche – jedenfalls wenn man sich weit genug in das „Früher" zurück wünscht.

Dinge hatten mehr Zeit sich in Ruhe zu entwickeln – jedenfalls von heute aus betrachtet. Vielleicht ist das etwas von der Sehnsucht, die sich in diesen einen Gedanken flüchtet: Früher war alles besser!

Vielleicht ist es aber auch die Sehnsucht nach einem verlorenen Paradies, das wir heute suchen – auch wenn die Menschen, welche in diesem „Paradies" lebten, dieses nicht als Paradies empfunden haben.

Heute setzen wir uns immer wieder selber einem ungesunden Druck aus und empfinden dadurch dieses „Früher" als etwas Besseres, Lebenswerteres.

Warum sind wir nicht einfach das, was wir sind? Trauen wir uns nicht zu zeigen was wir sind? Menschen – mit Fehlern, aber doch voller Glaube, Liebe, Hoffnung.
Bereit durch ein Lächeln, eine nette Geste, ein liebevolles Wort diese Zeit zu etwas besonderem zu machen!
<u>Gibt es etwas Besseres??</u>

DAS KUNSTWERK

Lars, 27, bezeichnete sich selbst als freischaffenden Künstler. Er stand heute Nachmittag voller Zufriedenheit vor dem Kunstwerk welches er geschaffen hatte. Mit einem Glas Whisky in der Hand betrachtete er sein Werk und dachte:
„ Perfekt! Besser geht es nicht!"
Absolut nackt war es eine Figur von 1,80m Größe nach dem Vorbild eines Kämpfers aus der griechischen Mythologie oder der Wikinger Saga. Durch die hervorstechenden Eigenschaften der Figur konnte man sie in beide Richtungen einordnen. Helle, blonde Haare, etwas länger gelassen, fast die Schulter berührend. Männliche, markante Gesichtszüge, aber ohne hervorstechende Wangenknochen. Dazu blaue Augen und einen Zweitagesbart. Ein Kunstwerk dem Lars ein freundliches Lächeln geschenkt hatte, damit zwei Reihen makellos weißer Zähne zu sehen waren. Die beiden Grübchen in

den Mundwinkeln zeugten von Humor und Lebensfreude.

Lars blickte auf die Muskeln an den Oberarmen welche stark und ausgeprägt, aber nicht zu groß waren und somit hervorragend zum Gesamtbild passten. Das gleiche galt für die Brustmuskulatur und dem sogenannten Sixpack. Oberschenkel und Waden waren wie bei einem Sportler gut durchtrainiert.

Wenn Lars den Körper des Kunstwerkes langsam drehte sah er, dass die leichte braune Farbe von Kopf bis Fuß zu sehen war. Egal wie Lars sein Meisterwerk auch bewegte – es war perfekt und optimal gelungen! Immer noch voller Bewunderung für dieses Kunstwerk musste er seinen Blick fast gewaltsam davon abwenden. Er konzentrierte sich jetzt auf den nächsten perfekten Auftritt mit den Chippendales und wenn er noch länger vor dem Spiegel stand würde er zu spät kommen und seine Fans enttäuschen!

EIN LEIDENSCHAFTLICHES EHEPAAR

„So geht das nicht weiter!" waren wieder einmal die Worte von Ariane.
Empfängeradresse war ihr Mann Kai, welcher ihr gegenüber in einem bequemen Sessel Platz genommen hatte.

Ariane und Kai waren seit acht Jahren verheiratet und hatten keine Kinder. Er war 36 und sie 34 Jahre alt. Beide waren den ganzen Tag am arbeiten und konnten sich mit ihrem gemeinsamen Einkommen
einigen Luxus leisten.

Dazu hatte Kai etwas um das ihn ganz viele – vor allem Männer - beneideten: eine bildhübsche und intelligente Frau!

Das Thema über das die beiden einmal wöchentlich mit Leidenschaft und Hingabe stritten war der Küchendienst. Es ging aber nur um das Abendessen denn alle anderen Mahlzeiten – auch das Frühstück – nahmen beide in der Firma ein. Am Wochenende Feiertagen blieb die Küche kalt und sie gingen essen.

Bei diesem Küchendienst ging es nicht nur um das Kochen sondern auch um alles was dazu gehörte – angefangen beim einkaufen. Bis jetzt hatte Ariane alles alleine gemacht und sie möchte verständlicherweise auch ihren Kai darin einbinden.

Nach langem hin und her geschah ein kleines Wunder, welches eigentlich keiner von beiden erwartet hatte: Kai und Ariane einigten sich darauf abwechselnd zu kochen und er würde gleich morgen Abend damit beginnen.

Am nächsten Tag freute sich Ariane die ganze Zeit darauf dass sie abends nach Hause kommen würde und sich an den gedeckten Tisch setzen konnte.

Nach der Arbeit fuhr sie gespannt und mit großen Erwartungen nach Hause. Dort angekommen schloss sie die Haustür auf und rief schon von weitem in Richtung Küche und an ihren Kai gerichtet:
„Schatz, ich bin da. Was gibt es zu essen? Ich habe Hunger!" Ihr Schatz kam ganz langsam aus der Küche mit einem Wasser in der Hand und splitternackt!

Ariane klappte die Kinnlade runter und bevor sie fragen konnte meinte Kai:
„Heute gibt es Luft, Wasser und Liebe!"

Am nächsten Tag kam Kai nach Hause und freute sich auf die Kochkünste seiner Frau Ariane. Er kam zur Tür herein, holte ganz tief Luft um vielleicht aus dem Duft zu erraten was es köstliches geben würde. Doch aus der Küche kam – nichts.
Verwundert rief er Richtung Küche:
„Liebling, ich rieche nichts. Bist du noch nicht mit kochen angefangen? Was soll es denn zu essen geben?"

Da erschien Ariane in der Tür mit einem von Lippenstift verschmierten Mund und zerzausten Haaren. In der Hand hielt sie ein zerrissenes Negligee und Handschellen, bekleidet war sie nur mit einem über die Schulter gelegten BH.

„Was es heute gibt? Natürlich die Reste von gestern!"

IN EINEM SCHNELLIMBISS

Es ist Sonnabend und Herr Schmidt hatte nach einem Einkaufsmarathon Hunger bekommen und ging in einen Schnellimbiss um sich ein halbes Hähnchen zu kaufen.

„Guten Tag, ich möchte…"
Bedienung: „Guten Tag, bevor Sie etwas bestellen brauche ich Ihre Identitätsnummer."
Herr Schmidt:
„Ach so, ja , selbstverständlich. Die Nummer lautet: 256799222-14-882."
Bedienung: „Vielen Dank, Herr Schmidt! Sie wohnen in der Bahnhofstr.52 und die Telefonnummer ist 478956. Sie arbeiten als technischer Zeichner und sind bei der IKK versichert. Sind die Informationen vollständig und richtig? Wenn nicht kann ich sofort alles berichtigen und ergänzen."
Herr Schmidt: „Wo haben Sie all diese Informationen her?"
Bedienung: „Unser Computer ist an das große System angeschlossen."

Herr Schmidt: „Darauf hätte ich auch selber kommen können! Also, ich möchte gerne ein halbes Hähnchen und eine große Pommes mit Mayo und Ketchup zum mitnehmen."

Bedienung: „Das halbe Hähnchen ist ja noch in Ordnung aber von den Pommes rate ich Ihnen dringend ab!"

Herr Schmidt: „Wie bitte? Warum denn das??"

Bedienung: „Laut Ihrer Krankenakte haben Sie viel zu hohe Cholesterienwerte, ich kann es darum nicht verantworten Sie mit fetten Pommes und Mayo zu versorgen!"

Herr Schmidt: „Verdammt! Daran habe ich nicht gedacht! Gut das wenigstens Sie auf mich aufpassen!"

Bedienung: „Möchten Sie das halbe Hähnchen nicht lieber hier essen? Denn ob Sie mit Ihrem alten Auto zu Hause ankommen ist schließlich fraglich."

Herr Schmidt: „Wie kommen Sie denn darauf?"

Bedienung: „Sie suchen doch schon die ganze Woche bei Autoscout 24 nach einem preiswerten Gebrauchtwagen, da der Ihre schon 16 Jahre alt ist."

Herr Schmidt: „Haben Sie etwa schon einen für mich gefunden?"

Bedienung: „Das ist leider sehr schwierig, da Sie nicht bar bezahlen können weil Ihr Konto so überzogen ist und die Bank Ihnen keinen Kredit geben wird.
Sie sind mit den Raten für den letzten Kredit in Verzug. Außerdem wirkt sich Ihr Schufaeintrag negativ aus."

Herr Schmidt ist ganz zerknirscht:
„Ich muss Ihnen dankbar sein! Ich sehe ein, dass meine Situation schlimmer ist als ich dachte! Was soll ich Ihrer Meinung nach tun?"

Bedienung: „An Ihrer Stelle würde ich versuchen den alten Wagen für ein paar hundert Euro zu verkaufen! Wenn Sie davon wenigstens einmal die Miete für Ihre Wohnung bezahlen, dann lässt der Vermieter vielleicht mit sich reden. Unter Umständen zieht er ja die Räumungsklage zurück, welche er gestern beim Amtsgericht einreichte."

Herr Schmidt: „Wenn das so ist, verzichte ich lieber auf das Hähnchen und spare das Geld."
Bedienung: „Das wird aber nicht reichen um den neuen Fernseher zu bezahlen den Sie letzte Woche bei Amazon bestellt haben."
Herr Schmidt wird langsam nervös und sauer:
„Jetzt reicht es aber! Ich will nichts mehr hören! Am Ende kommt hier noch jemand rein der alles mithört und dieses dann gegen mich verwendet! Ich fahre jetzt nach Hause bevor ich ausfallend werde!"
Bedienung: „Ich würde vorsichtiger sein. Gegen Sie läuft doch schon eine Klage wegen Beleidigung von Ihrem Nachbarn!"
Herr Schmidt ist außer sich: „Schluss! Aufhören! Ich will sofort Ihren Namen wissen und auch den von Ihrem Chef damit ich mich bei ihm beschweren kann!"
Bedienung: „Ich gebe Ihnen den guten Rat sich nicht so aufzuregen, denn bei Ihrem letzten Belastungs-EKG standen Sie kurz vor dem Herzinfarkt!

Im Übrigen kann ich Ihnen keine Auskunft über meinen Chef und mich geben, denn Diskretion und Datenschutz stehen bei uns an erster Stelle!"

EINE MÖRDERISCHE FAMILIE

Ich erzähle hier von einer Familie – einer mörderischen Familie. Nicht umsonst gebrauche ich diesen Begriff, denn jemand aus dieser Familie wurde von den anderen angestiftet mich zu töten.

Ja, ich lebe nicht mehr. Ich erzähle meine Geschichte aus einer anderen Welt – eine Welt in der ich nichts Böses mehr zu befürchten habe.

Die Familie von der ich berichte hat den sehr bekannten Namen Schultze. Auf das tz in dem Namen legten alle Familienmitglieder ganz Besondern Wert.
Bei dieser Familie habe ich ein Großteil meines Lebens verbracht und gearbeitet. Mein Arbeitsplatz war in erster Linie die Küche des Hauses.

Diese war sehr groß und offen zum Wohnzimmer hin. Außer mir lebten in dem Haus Karl und Sigrid als Hausherren und die beiden Kinder Emilie und Josefine, zwei Mädchen von 1bzw.16Jahren.

Absolut verwöhnte Gören und zwei Zicken wie sie im Buche stehen würde mein Vater sagen.

An einem Sonntagmorgen, und zwar ganz früh um 10:30 Uhr, kamen die beiden Mädchen zu mir in die Küche um eigenhändig den Tisch für das Frühstück zu decken. Das war ich gar nicht gewohnt – vor allem nicht das Emilie und Josefine sich freiwillig die Hände schmutzig machen wollten.

Da ich nichts weiter zu tun hatte, hörte ich den beiden zu und konnte aus ihren Gesprächen entnehmen, dass sie ihre Eltern dadurch überreden wollten eine ausgiebige Shoppingtour mit ihnen zu machen. Heute waren irgendwo die Geschäfte den ganzen Tag geöffnet und da wollten die beiden unbedingt hin.

Doch in der Küche gab es viele und vor allem unbekannte Dinge für Emilie und Josefine: z.B. eine Kaffeemaschine. Da waren so viele Knöpfe dran: Welcher startete die Maschine und welchen musste man drücken um Wasser zu bekommen?

Brauchte man kaltes Wasser oder musste es heißes sein? Wo kam der Kaffee hinein? Und wo waren die Fächer für Zucker und Milch??

Nach einer sehr hitzigen Diskussion beschlossen die zwei Mädchen doch vorsichtshalber heißen Kakao zu servieren. Da die beiden sicher waren dieses Gerät ganz sicher bedienen zu können! So füllten sie Milch in den Wasserkocher und taten noch einige Löffel Kakao oben drauf – den hatten sie zufälliger Weise auf der Anrichte stehen sehen. Anschließend wurde alles auf den Tisch gestellt was der Kühlschrank hergab und eine Packung Toastbrot dazu. Dieses zu toasten kam ihnen nicht in den Sinn.

Das ihnen der Wasserkocher mit der Milch noch nicht um die Ohren geflogen war, lag nur daran das die beiden vergessen hatten ihn einzuschalten – was sie aber nicht merkten.

Als Emilie das Besteck aus der Schublade nehmen wollte, brach ihr ein Fingernagel dabei ab.

Ihr Geschrei war so unerträglich das Josefine sich einen Finger in der Schranktür klemmte aus der sie gerade die Tassen geholt hatte. Die beiden schrien sich an das man glauben konnte das letzte Stündlein beider hätte geschlagen!

  Ich gestehe dass schon eine Portion Schadenfreude in mir aufkam!

Jetzt war es unvermeidlich das auch die Eltern der beiden, Karl und Sigrid, in der Küche erschienen um nachzufragen warum die Welt gleich untergehen würde.

  Nach und nach beruhigten sich Emilie und Josefine wieder und erzählten ihren Eltern warum sie diese schwere und lebensgefährliche Arbeit in der Küche auf sich nahmen. Sigrid und Karl waren schon erstaunt über das ungewöhnliche Anliegen, aber grundsätzlich nicht abgeneigt, was mich aber nicht erstaunte, denn gerade bei ihrer Mutter Sigrid rannten die beiden mit der Idee shoppen zu gehen, offene Türen ein. Vater Karl hatte aber noch eine Bedingung: Er wollte gerne eine große Ladung Spiegeleier mit Speck frühstücken!

Während Emilie und Josefine beschäftigt waren und seine Frau sich setzte um in Gedanken eine Liste zu erstellen was sie alles noch brauchen könnte, versteckte Karl schnell und heimlich seine Geldbörse in einem der Küchenschränke.

Ich konnte den armen Mann wirklich gut verstehen!

Die Töchter nahmen sich vor das für sie Unmögliche möglich zu machen.

Emilie suchte und fand die größte Pfanne in der Küche und stellte sie auf den Herd. Wie dieser anging wusste sie nicht – Hauptsache die Pfanne stand erst einmal da wo sie hingehörte – auch wenn die große Pfanne auf der kleinsten Platte stand.

Josefine nahm die letzten vier Eier aus dem Kühlschrank und überlegte wie sie diese öffnen könnte ohne sich die Finger schmutzig zu machen.

Sie legte die Eier neben der Pfanne auf dem, immer noch kalten, Herd ab und ging noch einmal zum Kühlschrank denn zu Eiern mit Speck brauchte sie eben auch den Speck.

Diesen, es war noch ein kleiner Rest, nahm Josefine heraus um ihn auf ein Schneidebrett zu legen. Dort entfernte sie das letzte Stückchen Folie – und fing entsetzlich an zu schreien. Emilie sah nach warum – und fing auch an zu schreien. Um allem die Krone aufzusetzen sprangen die beiden vor Entsetzen auch noch auf die Stühle.

Vater Karl sah sich das alles nur kurz an, griff zum Messer – und ich ging den Weg alles sterblichen, denn ich war einmal die Made im Speck!

JACK THE LIPPER

Vor mehr als hundert Jahr'
Die Furcht im ganzen Land verbreitet war
Ob im schönen Begatal
Oder in den Werreauen – ganz egal
Vom Kalletal bis in die Augustdorfer Senne
Vom wilden Stier bis hin zur kleinsten Henne

Die reichen Bürger verstecken sich hinter dicken Mauern
Große Gefahr besteht für die Mägde bei den Bauern
Die mutigsten Polizisten vor Angst gar schwankten
Wenn sie verfolgen sollten den um dessen Namen sich Legenden rankten

Traurige Berühmtheit hatte er erlangt
Denn jede Frau in Lippe nun um ihr Leben bangt

Fürchterlicher und grausamer war noch
nie jemand gewesen
So stand es in allen Büchern
und Schriften auch zu lesen
Sogar über die Grenzen hinaus war er
bekannt – dieser Lipper
Denn für alle Zeit war und blieb er der
schlimmste aller Lipper
Gemeint ist natürlich nur einer
JACK THE LIPPER

Schlimmes wollt der Jack wieder mal
verüben
Und anderen Menschen die Laune
trüben
Und dachte sich: Heut geh ich raus und
brauch das Messer nicht
Heut seh ich das Opfer von Angesicht
zu Angesicht
Jetzt steht der Jack in der dunklen Gasse
Und denkt: Da kommt eine Frau – oh,
wie ich sie alle hasse
Als Kind und auch jetzt wurde er so oft
verhaun
Drum hasste er alle Fraun

Im privaten Umfeld ein beliebter
Tausendsassa
In seinem zweiten Leben ein
Frauenhasser

Darum springt der Jack vor die Frau aus
vollem Lauf
Und reißt ganz weit seinen Mantel auf
So steht er vor der Frau in dieser wilden
Pose
Nur bekleidet mit der Unterhose
Er wollt den Mord nicht mit dem
Messer heut vollstrecken
Denn er glaubt sie würde sich auch so
zu Tode dann erschrecken

Doch diese geht ganz einfach weiter
Und wirkt dabei noch ziemlich heiter
Sie ließ sich keine Angst einjagen
und ruft ganz laut:
„Kommt ihr Leut und last euch sagen,
der fürchterliche Jack the Lipper steht
hier fast nackt,
er sieht aus total bescheuert und
beknackt!"

Der Jack vor Wut fast platzt
Er weiß – diesen Auftritt hat er verpatzt
Jack dreht sich um und ruft ihr hinterher:
„Rache zu üben fällt mir nicht schwer
Und diese ist bald schon mein
Denn ich bin der grausame Jack the Lipper
Sinne auf Rache und geh jetzt heim!"

Besessen von der bösen Macht
Hat er seinen Schwur dann wahr gemacht
Zur Tat schritt er dann am hellen Tag
Wollt werden für die Frauen eine große Plag
Er ging ohne Verkleidung und Maske wie ein normaler Bürger
Damit in ihm keiner erkannte den schrecklichen Würger
Jack suchte und fand einen Brunnen tief sollte der sein
Er lief drum herum und sang:
„ Es sind acht, es sind acht. Das ist fein, das ist fein."

Eine Frau kam vorbei und fragte:
„Warum tanzt du und singst: Das ist fein, das ist fein?"
„Schau doch mal in den Brunnen rein."
Sie tat es – und er stieß sie hinein

Jack fing wieder an zu tanzen und zu singen:
„ Jetzt sind es neun, jetzt sind es neun – aber es passen noch mehr hinein!"
Doch unbemerkt blieb nicht sein böses Treiben
Es nahte bald die Polizei und wollt ihn sich einverleiben
Jack bemerkte es und nahm die Maske ab und wandte sich zur Flucht
In die Enge getrieben ließ er nichts unversucht
Offen ging er auf zwei Polizisten zu - in letzter Not
Und dachte: Wenn das nicht hilf dann bin ich bald schon tot
Denn er machte seinen Mantel auf
Und er sah mit Hundeblick zu den Polizisten rauf

Er sprach zu den beiden: „Ich habe ein schönes Hemd heute an
Darauf steht wie jeder lesen kann:
Ich bin Jack the Lipper
Lippes Mann mit dem schlimmsten Tripper!"
Die beiden Polizisten erst richtig misstrauisch – lachten dann doch ganz laut
Denn mit den Späßen des normalen Jack waren sie vertraut

Niemand würde in diesem dümmlichen Tunichtgut den entsetzlichen Jack the Lipper vermuten
Und darum zählten sie ihn zu den besonders guten
Sie ließen Jack ungehindert an sich vorbei
Denn so ein Typ war ihnen einerlei

So suchten und fanden sie den grausamen Jack dann nimmer
Es war das gleiche Ergebnis wie stets und immer

Jack the Lipper, dieser Schlimme
Stand vor einem Turm und dachte:
Diesen ich heut erklimme
Ich bin nicht nur klug sondern auch raffiniert
Denn ich habe beobachtet und spioniert
Ich weiß: Zu dieser Zeit ist des Wärters Frau alleine
Ich gehe jetzt hinauf denn Gefahren sehe ich keine!

Die Tür des Turmes stand weit offen
Auf ein Wunder durfte der alte Drachen droben nicht mehr hoffen
So stieg der böse Jack die Stufen rauf
Und das Schicksal nahm seinen Lauf

Das Messer hielt er unter dem Mantel mit der Hand ganz fest
Dachte: mit diesem Messer geb ich der da oben dann den Rest!
Die Stufen nahm er dann im Sturm
Wollt möglichst schnell bis ganz oben auf den Turm

Nach zwanzig Stufen braucht er schon eine Pause
Und Jack sehnte sich nach seinem stufenfreien eignen Hause
Doch vollenden wollt er diesen fiesen Plan
Drum ging er weiter nur mit weniger Elan
Das Ende war nun bald in Sicht
Doch welches – ob ihres oder seines – das wusst er nicht

Denn die Luft ging dem Jack nun ganz schnell aus
Erschrak fast zu Tode denn ihn überholte noch eine Maus
Auf einmal fing der Turm an sich zu drehen
Da blieb er lieber einmal stehen
Ganz fest lehnte er sich an die Mauer
War erschöpft wie von der Tagesarbeit der Bauer
Er schnappte nach Luft so wie ein kranker, alter Mann

Und dachte: Das kann nicht sein, ich
bin Jack the Lipper, der doch alles kann.
In seinem Gesicht sich die rote Farbe zu
Hause fühlte
Das rasende Blut in den Adern sich
durch seinen Körper wühlte

Da kam die Frau des Wärters um zu
sehen wer da wie ein Ross so schnaufte
Mit einem Schrei des Entsetzens sie sich
die Haare raufte
Denn sie sah ein Wesen gehüllt in einen
Mantel, ganz in schwarz
Die Haare wie geklebt mit Pech und
Harz

Ein dickes, rotes und aufgequollenes
Gesicht
Augen die scheinbar Funken sprühten
in dem diffusen Licht
Das ganze Wesen war am Zittern und
am Stöhnen
An so einen Anblick würde sich ein
normaler Mensch niemals gewöhnen

Die Frau sprach mit vor Angst
bebender Stimme:
„Ich bin eine brave Frau und keine
Schlimme
Du Ungeheuer warum bist du hier?
Weshalb und weswegen?
Sei verflucht" und sprang mit einem
Schrei vom Turm der Erde entgegen
Jack dachte: Wie hat sie mich genannt?
Ungeheuer?
Das Wort gefällt mir – ab sofort ist es
mir lieb und teuer!
Er wollte jetzt nach Hause
Doch seine Beine verlangten nach einer
Pause
Als er dann wieder bei Kräften war, eilte
er die Stufen runter
Dabei wurd er wieder richtig munter
Vor der Türe dann musste er noch
einmal innehalten
Denn beim Anblick der Frau musste er
doch die Luft anhalten
Aus der Ferne hörte er Geräusche dann
Sie hörten sich wie viele wütende
Stimmen an

Da erfasste ihn der Schreck
Und er wollte nur noch ganz schnell
weg
Vor Freude das sein fieses Werk
gelungen
Ist er hin und wieder in die Luft
Gesprungen

Doch Übermut tut selten gut
Und oft was Schlimmes folgen tut
Bei einem Sprung taten sich die Beine
dann verknoten
So viel der Jack plötzlich auf seine
Pfoten

Dabei konnte er sein Glück kaum fassen
Denn er fiel mit dem Gesicht in etwas
Warmes das eine Kuh gerade hinterlassen
Und er fragte sich ob seine Mama
gerade war mal hier
Denn es duftete so sehr nach ihr

Als er dann nach Hause kam
Ging sein Verstand ganz schnell auf
Alarm

Denn in der Tür stand seine Mutter mit dem Besen in der Hand
Der so gefürchtete Jack wurde bleich wie eine Wand
Doch Jack der war nicht gut gelaunt
Und sprach Worte von denen er selbst erstaunt:
„Willst du mit dem Besen den Flur hier fegen
Oder fliegst du gleich der Sonne noch entgegen?"

Die strenge Mutter, groß, stark und korpulent
Zeigte ihm gleich warum sie ihren Besen auch „ Vollstrecker" nennt
Der Besen so gekonnt auf sein Hinterteil dann krachte
Das dieser vor Freude scheinbar ganz laut lachte

Die Mutter gebrauchte ihren Besen doch ganz gerne
Damit ihr missratener Sohn vielleicht doch noch Recht und Anstand lerne

Doch je häufiger der Besen zum Einsatz kam
Der Jack seinen Mantel und das große Messer nahm…

Seine Tante die lag im Sterbebett
Jack ging hin zum letzten Besuch – das war doch nett
Der Arzt dort sprach:
„Ihre Tante gefällt mir nicht! Ich tu das sehr bedauern!"
„ Mir auch nicht" sprach Jack „ dann wird es ja wohl nicht mehr lange dauern!
Verwenden kann ich besser meine Zeit
Wenn ich weiß der Friedhof ist nicht mehr weit!"

Ein paar Tage später kein Mond am Himmel war zu sehn
Als wollt er sich verstecken, vor dem was würde diese Nacht geschehn
Jack rieb sich die Hände denn diese Nacht
War für den grausamen Jack the Lipper wie gemacht

Es war Wochenende und eine große Feier
die stand an
Und zwar beim Tischlermeister
Bösemann
Jack dachte: Dort will ich mich
verstecken
Hinter irgendwelchen Hecken

Geht eine Frau allein nach Hause dann
Kommt meine Zeit und ich bin dran
So hat es der Jack dann auch gemacht
Und ganz versteckt das Treiben
Überwacht

Endlich – es dauerte schon Stunden
Hat eine Frau den Weg zur Tür hinaus
gefunden
Sie war nicht mehr jung und leicht am
schwanken
Sie war die Erste die ging während die
anderen noch tanzten und tranken

Jack, der lachte vor sich hin – ganz leise
Und dachte: Gleich wird sie auch tanzen
– aber nach meiner Weise

Er schlich ihr leise hinterher
Und war der Meinung heut hätte er es gar nicht schwer
In einer kleinen Gasse dann
Machte er sich an die Frau heran

Er sprang vor sie mit dem Messer in der Hand
Erschrocken taumelte diese gegen eines Hauses Wand
Die Frau ganz laut um Hilfe schrie
Vor Angst und Entsetzen viel sie auf die Knie

Er rief ganz laut: „Ich bin Jack the Lipper, dein Leben werd ich dir jetzt nehmen
Es hat keinen Zweck sich an die Wand zu lehnen!"

Oben im Haus da ging ein Fenster auf
Jack starrte ganz verblüfft hinauf
Und hörte eine Stimme die dann rief:
„ Auch ich sah den Jack – aber nur von hinten, denn ganz schnell vor Angst er lief

Drum sage ich dir: Willst du den Jack das fürchten lehren
Musst du nur den Nachttopf aus dem Fenster leeren!"
Der Inhalt auf den Jack hernieder rauschte
Während er noch den Worten von oben lauschte
Die Stimme die tönte wieder
Von oben auf den Jack dann nieder:
„Nun ist mein Nachtgeschirr mal wieder leer
Getroffen hat's den Jack – das war nicht schwer
Jetzt rat ich dir du stinkendes Individuum
Geh um die Ecke meines Hauses rum
In das kleine Häuschen geh dann ruhig hinein
Da wohnt jemand der so riecht wie du – mein Schwein!"

Das Fenster wurde zugeknallt
Der Stimme klang noch in der Gasse widerhallt

Für die alte Frau war das alles viel zu viel
Verstand nicht warum ausgerechnet sie war Jack sein Ziel
Sie sackte langsam auf die Seite
Und ihre Seele ging den Weg in das himmlisch Weite

Der böse Jack aber schlich davon wie ein geprügelter Hund
Der Inhalt des Nachtgeschirrs schlug auch seine Seele wund
Vier Tage später wurd die Frau zu Grabe dann getragen
Und Jack tat sich ohne Verkleidung unter die Trauergäste wagen

Er stand dabei ganz ungerührt
Aber einen Tritt in den Allerwertesten hat er ganz deutlich doch gespürt
So ging er nach Hause ziemlich schnell
Hoch den Kopf und stolz wie ein Rebell

Zu Hause lief der Jack nur hin und her
Denn das Sitzen viel ihm richtig schwer

Seine Mutter wollte wissen warum er denn nicht mal ruhig stehen blieb
Da erklärte Jack:
„ Ich war auf der Beerdigung, aber beliebt war die Frau wohl nicht
Darum übte ich als einziger aus die Regeln unserer Bürgerpflicht
Denn ich klatschte Beifall nach des Pfarrers Rede
Und bekam dafür einen Tritt vom dummen Bauern Stede!"

In den nächsten Tagen etwas Seltsames mit dem Jack geschah
Etwas das ging ihm wirklich nah

Bei der Beerdigung eine junge Frau ganz viel weinte
Alle Trauer um die Verstorbene sich in ihr vereinte
Ein Gesicht voller Schmerz und Tränen ganz entstellt
Sonst so schön als wäre es nicht von dieser Welt

Man glaubt es kaum – aber Jack the
Lipper spürte auf einmal das auch er hatte
ein Herz
In dieses grub sich ein von der jungen
Frau der große Schmerz
Aber noch etwas anderes war geschehn
Und das konnte Jack gar nicht verstehn

Denn in seinen Träumen er nur eines sah
Und das war ihr Gesicht – Jack wusste
nicht wie ihm geschah
Verliebt war er über beide Ohren
Amors Pfeil tat sich tief in sein Herz
rein bohren
Doch Jack the Lipper und Gefühle –
wie sollte das gehn
Niemand würde es je verstehn
Er bedauerte was er an böses je getan
In seinem so oft rein geprügelten Wahn

Wer sollte all seine Taten ihm vergeben
Dafür nicht reicht ein ganzes Leben
Er bereute und weinte ganz bitterlich
Dass sein Leben bis jetzt so Liderlich

Eines Morgens – es war nass und kalt
Ging Jack the Lipper ganz tief in den lippischen Wald
Die eine Hand wie immer unter dem Mantel verborgen
Sein Blick verzweifelt und verloren
Keiner weiß was dann im Wald geschah
Aber niemand Jack the Lipper jemals wieder sah…

GESCHÄFTSREISE

Brian und Sam waren die Geschäftsführer einer schottischen Whiskydestillerie. Da die Umsätze in der letzten Zeit rückläufig waren – besonders in Deutschland – hatten sie beschlossen dort ihre Kunden zu besuchen um Werbung für ihre Produkte zu machen.

Brian, Sam und ich stiegen an einem warmen Dienstagmorgen ins Flugzeug und flogen nach Deutschland zu ihren Kunden. Ich bin Sams treue Begleiterin und heiße Elisabeth, von ihm scherzhaft auch manchmal „die zweite" genannt.

Als wir in Hamburg landeten sind wir praktisch direkt zu unserer ersten Adresse gefahren.

Nach anfänglichem ungläubigem Staunen des Kunden nahm das Gespräch eine gute und positive Richtung und wir konnten zu einem sehr guten geschäftlichen Abschluss kommen.

Nachdem wir den Kunden verlassen
hatten suchten wir uns ein Hotel, ließen
unser Gepäck dort und gingen dann noch
einmal los um uns die Stadt anzusehen.

So richtig wohl war mir aber nicht denn
die Leute schienen uns schon von weitem
als Briten zu erkennen und fingen teilweise
sogar an zu tuscheln wenn wir an ihnen
vorbei gingen.

Mir wurde innerlich richtig heiß und der
Schweiß lief in Strömen. Der Geruch
welcher mir immer mehr entgegen kam war
langsam nicht mehr angenehm.

Dabei hatte ich schon vieles gesehen:
Große und kleine, dicke und dünne, lange
und kurze, rund und nicht so rund, mit
Bart und ohne.

Typisch Männer blieben wir – wie sollte
es in Hamburg auch anders sein – vor
einem Sexshop stehen.

Welche Auswüchse ich plötzlich zu sehen
bekam verursachte bei mir Gänsehaut!
Ich war froh dass in diesem Moment eine
starke Windböe kam und mich anhob und
mir frische Luft verschaffte.

Nur Sam wurde rot wie eine Tomate weil für einen kurzen Moment alle das sehen konnten was bis dahin unter seinem Schottenrock Elisabeth verborgen gewesen war!
Wie bei Schotten üblich trug er nämlich nur den Rock – aber nichts darunter!

TRISTAN

Tristan hatte sich für diesen Tag viel vorgenommen – sowohl beruflich als auch privat. Darum wollte er auch früh aufstehen damit er wenigstens einmal in dieser Woche seinen Arbeitgeber mit Pünktlichkeit überraschen konnte.

Als Tristan erwachte war es schon acht Uhr – der Wecker hatte nicht geklingelt weil er am Vortag vergessen hatte die Batterie zu wechseln. Normalerweise säße er jetzt schon an seinem Schreibtisch. Diese Erkenntnis machte ihn schlagartig munter und er sprang förmlich aus dem Bett in seine Hausschuhe – zumindest glaubte er das.

Tristan sprang aber nicht in die Hausschuhe sondern darauf und rutschte prompt auf dem glatten Laminatboden aus und knallte mit dem Kopf gegen das Bettgestell. Wütend trat er nach den Hausschuhen und dabei mit dem großen Zeh gegen die Kommode.

Schmerz durchflutet – im wahrsten Sinne des Wortes vom Kopf bis zu den Füßen – ging er ins Badezimmer.

Wegen eines dringenden Bedürfnisses humpelte er ganz schnell zur Toilette,
stellte sich davor und klappte den Deckel und die Brille hoch. Doch in einem total falschen Moment –nur wenige Augenblicke später – fielen Deckel und Brille wieder zurück.

Wie das Badezimmer plötzlich aussah kann sich jeder wohl vorstellen. Als Tristan dann hinauslief um sich Wischeimer und Wischlappen zu holen, stolperte er über den Badezimmerteppich, knallte mit dem rechten Knie gegen den Türrahmen.

In der Abstellkammer fand er weder Eimer noch Lappen, bis ihm einfiel, dass der Eimer in der Küche stand – voll mit Müll für die grüne Tonne.

Also humpelte er ins Badezimmer zurück um sich zwei Handtücher aus dem Schrank zu nehmen um damit alles aufzuwischen. Als er die Handtücher herausnehmen wollte, fiel ihm der Einlegeboden vom Fach darüber auf seine linke Hand. Wütend warf er die beiden auf den Fußboden ohne aufzuwischen. Für solche Kleinigkeiten hatte Tristan jetzt keine Zeit – er musste duschen und schnell zur Arbeit. Er zog sich aus und bewunderte wütend seinen geschwollenen Zeh, den Bluterguss am Knie und seine langsam anschwellende linke Hand – wobei er die Kopfschmerzen schon fast vergessen hatte.

   Tristan ging zur Dusche und wollte die Tür aufmachen – aber diese klemmte und er brach den Griff ab. Trotz mehrerer Versuche ging die Tür nicht auf, darum stieg er in die Badewanne um sich dort abzuduschen.

   Er hatte kein Duschgel denn dieses stand in der Dusche. Nach dem flüchtigen Duschen hatte er Schwierigkeiten sein lädiertes Bein über den Badewannenrand zu heben. Dann wollte Tristan sich ein Badetuch aus dem Schrank nehmen und musste feststellen, dass er die letzten Handtücher gerade auf die Erde neben der Toilette geschmissen hatte.

Also suchte er notgedrungen aus der Schmutzwäsche ein Badetuch heraus um sich notdürftig abzutrocknen.

Nachdem Tristan sich die Haare trocken geföhnt hatte griff er zur Zahnbürste. Die Zahnpastertube war nicht verschlossen und die Öffnung verkrustet und vertrocknet, da er sie diese Woche noch nicht benutzt
hatte. So drückte er kräftig und es kam wie es kommen musste – der Inhalt der Tube verteilte sich über Waschbecken und Spiegelschrank, aber nichts kam auf die Zahnbürste.

Zum sauber machen war keine Zeit und darum schmierte er mit den Fingern die Zahnpasta auf die Bürste. Nun fehlte noch die Rasur und Tristan griff zur Sprühdose mit dem Rasierschaum und es kam nur noch ein zischen heraus.

Eine neue Dose gab es nicht, ebenso wenig wie einen Trockenrasierer – also ging es unrasiert zur Arbeit.

Arbeit war das passende Stichwort, denn Tristan sah auf die Uhr und bemerkte zu seinem Erstaunen, dass seit seinem wach werden erst fünfzehn Minuten vergangen waren.

Trotzdem hieß es weiter Gas zu geben. Darum eilte er wieder in das Schlafzimmer, nicht ohne vorher in der Küche die Kaffeemaschine einzuschalten.

Als Tristan dann den Kleiderschrank öffnete lachte ihm das letzte saubere Hemd entgegen. Dieses Hemd musste ein sehr fröhliches gewesen sein, denn beim Lachen entstehen Falten – und die hatte das Hemd reichlich. Aber er hatte keine Wahl, denn zum bügeln fehlte ihm die Zeit und das Talent.

Erst vergangene Woche musste er drei Hemden nach dem bügeln entsorgen!
Tristan zog sich das Hemd an und bemerkte beim zuknöpfen das gleich drei Knöpfe fehlten. Er dachte darüber nach was er machen könnte und kam auf die Idee sich eine Krawatte so lang zu binden das die fehlenden Knöpfe nicht auffallen würden. Bei den Hosen hatte er sogar die Qual der Wahl denn es hingen noch zwei im Schrank.

Tristan brauchte nur zu wählen zwischen der Hose mit dem großen Fleck vorne oder der mit dem Riss an der Seite. Er entschloss sich die letztere zu nehmen.

Jetzt brauchte Tristan noch ein Jackett aber seine beiden waren in der Reinigung und darum musste er sie auf dem Weg zur Arbeit abholen.

Was noch fehlte waren ein Paar Socken. Trotz aller Bemühungen fand entweder nur einzelne oder welche mit Löchern. Nachdem er sich für ein Paar entschieden hatte mit nur einem großen Loch in der rechten Socke ging er auf den Flur um sich Schuhe anzuziehen.

Als er den Schuhschrank öffnete kam ihm ein penetranter Duft entgegen. Ein Blick und Tristan wusste auch sofort warum:

Gestern war er vor der Haustür in einen Hundehaufen getreten. Da er vom joggen kam und nur noch unter die Dusche wollte hatte er die Sportschuhe einfach so wie sie waren in den Schrank geschmissen und – so wie er jetzt sah und auch riechen konnte

– direkt auf das einzige gute Paar Halbschuhe. Mit Widerwillen nahm Tristan
diese nun aus dem Schrank und ging mit den Schuhen ins Bad um diese mit den beiden Handtüchern zu säubern, welche dort immer noch auf dem Boden lagen – die waren ja schon schmutzig. Nachdem die Schuhe äußerlich gereinigt waren und zusätzlich von innen und außen eine halbe Dose Deodorant ertragen mussten, kam das nächste Problem auf Tristan zu – das anziehen der Schuhe.

Sein geschundener Zeh war mittlerweile zu beachtlicher Größe angeschwollen. Mit viel stöhnen und Au und Weh brachte er es fertig den Fuß im Schuh unterzubringen.
Auf einem Bein hüpfend machte er sich auf den Weg in die Küche, dort hatte er ja vorhin die Kaffeemaschine schon angemacht. Tristan wollte nur noch schnell einen Muntermacher - Kaffee trinken.

Ein Blick auf die Uhr zeigte ihm aber, dass der Bus mit dem er hätte fahren müssen mit Sicherheit nicht auf ihn gewartet hatte. Auf den Bus war er angewiesen, weil sein Auto seit gestern in der Werkstatt repariert wurde. So wütend auf sich und den Rest der Welt, wie noch niemals zuvor, humpelte er in das Wohnzimmer und griff zum Telefon um sich ein Taxi zu bestellen. Das Taxi konnte aber frühestens in zwanzig Minuten da sein, wie ihm eine sehr unfreundliche Frau am Telefon mitteilte. Das reichte – Tristan drohte zu platzen. Er würde also erst zur Arbeit kommen, wenn seine Kollegen schon die Frühstückspause hinter sich hatten. Am liebsten würde er sich wieder ausziehen, sich in sein Bett legen und die Decke über den Kopf ziehen um nichts mehr zu hören und zu sehen. Plötzlich traf es Tristan wie ein Blitzschlag und er setzte sich aufstöhnend in einen Sessel, denn durch Zufall war sein Blick auf den Kalender neben dem Telefon gefallen - er hatte sich den heutigen Tag ganz dick eingekreist und daneben geschrieben: Heute Urlaub, an diesem Freitag dem dreizehnten!

URLAUB AN DER NORDSEE

Hans saß auf der Bank vor seinem Ferienhaus und rauchte genüsslich seine Pfeife. Der Sonnenuntergang hier in Norwegen war wieder einmal traumhaft schön. Gut, man musste schon ein bisschen romantisch veranlagt sein und die Ruhe mögen, die fast zu greifen war.

Aber bei Hans und seine Frau Vera, die jetzt aus dem Haus kam und sich zu ihm auf die Bank setzte, war das alles kein Problem. Im Gegenteil – es war genauso wie sie es sich gewünscht hatten.

Im Haus saßen ihre beiden Söhne Björn, 15 Jahre und Sören, 14 Jahre alt, vor dem Fernseher bzw. vor dem Computer.

Hans und seine Frau waren sehr froh, dass sie dieses Haus für ihren Urlaub gefunden hatten. Das Haus war geräumig und für sechs Personen ausgelegt. Durch den grünen Anstrich und die weißen Türen und Fensterrahmen sah es von außen schon hübsch und einladend aus.

Es war von innen komplett renoviert und nur durch die knarrenden Fußbodenbretter wurde man daran erinnert, dass auch dieses Haus schon eine lange Geschichte erzählen konnte. Außen wurde das Grundstück von einer niedrigen Steinmauer umrandet und vor dem Haus stand ein Holztisch mit einer Holzbank auf welcher Hans und Vera jetzt saßen.

Das Ferienhaus stand erhöht auf einem Hang und man hatte vom Wohnzimmer, dem Schlafzimmer und natürlich dem kleinen Garten, einen Platz in der 1. Reihe mit Blick auf Dorf, Hafen und Meer.

Das ganze Dorf befand sich auf einer kleinen Halbinsel – ab einem bestimmten Punkt führte nur ein Weg hinein und natürlich auch wieder hinaus. Auch die Aussicht über den Hafen des kleinen Fischerdorfes war für Hans etwas Besonderes. Die Sonne, welche am Horizont in den schönsten roten Farben scheinbar im Meer zu versinken schien. Dazu die sanft wogende Nordsee deren Wellen sich leise an den Steinen der Mole brachen.

Diese Mole war zweigeteilt und zwischen den beiden Teilen lag die ca. dreißig Meter breite Einfahrt in den Hafenbereich.

Von dort mussten die Boote eine Kurve fahren um eine zweite, innere Mole zu passieren bevor man in den eigentlichen Hafenbereich mit den Liegeplätzen gelangen konnte. Die zweite Mole war nachträglich zur Sicherheit erbaut worden, nachdem eine schwere Sturmflut die äußere Mole teilweise in Einzelteile zerlegte und die im Hafen verankerten kleineren Boote regelrecht an Land geworfen wurden.

Das Meer – so wundervoll und Leben spendend – aber auch zerstörerisch und tödlich!

Im blauen Wasser des Hafens dümpelten kleine Boote, Fischkutter und auch drei Segelschiffe friedlich vor sich hin. Die Silhouetten spiegelten sich um die Wette mit der Abendsonne auf der Wasseroberfläche während auf dem Kai die Fischer ihre Netze und Reusen für den nächsten Tag in Ordnung brachten. Hans und Vera sahen wie ein kleiner Kutter auf die Liegeplätze zufuhr. Die vier Männer darauf waren wohl Touristen, denn zwei von ihnen hatten noch ihre Angeln in der Hand und unterhielten sich laut lachend und lebhaft gestikulierend. Sie waren scheinbar mit dem Verlauf ihrer Angeltour zufrieden.

Als die Blicke von Hans und Vera nach links schweiften, sahen sie auf der anderen Straßenseite eine norwegische Familie vor ihrem Haus sitzen, welche ihnen zuwinkten und ein freundliches „ Hi, Hi" zuriefen. Hans und Vera erwiderten diese Höflichkeit sofort.

Überhaupt war der Kontakt zu den Norwegern sehr gut, denn sie waren immer freundlich, hilfsbereit und ansprechbar. Dieses passte wie der berühmte Punkt zu dem i weil es zwei Dinge gab, warum die beiden in Norwegen ihr Traumland gefunden hatten: Das eine war natürlich die sagenhaft schöne Natur – zu jeder Jahreszeit! Das andere war die Freundlichkeit der Menschen und mit welcher Ruhe und Gelassenheit diese ihr Leben lebten.

Wenn z.B. sich im Supermarkt vor der Kasse eine Schlange gebildet hat, dann wird nicht geschimpft oder etwa gerufen: „Macht doch endlich eine weitere Kasse auf!" Nein, nein, es wird sich vielmehr geduldig angestellt und mit dem Vorder und/oder Hintermann ein Gespräch angefangen! Es kann auch geschehen das man Norweger für 18:00 Uhr zum Essen eingeladen hat, aber die Gäste kommen erst gegen 20:00 Uhr – weil niemand glaubt das er wirklich pünktlich erwartet wird! Immer mit der Ruhe würden wir in Deutschland sagen.

In Norwegen hat man nur ein Wort dafür, welches aber dann auch in der Regel dreimal wiederholt wird: „Rulig, rulig, rulig!" Soviel zu den Norwegern.

Noch weiter links konnten Hans und Vera einen Wald sehen. Wenn man durch diesen ging hatte man den Badestrand unter den Füßen und das Meer vor sich. Dieser Badestrand lag an einer kleinen halbrunden Bucht. Das saubere, kristallklare Wasser lud zum Baden ein und war hervorragend für Familien mit Kindern geeignet, denn es war flach und wurde weit draußen tiefer.

Obwohl es jetzt in der Sommerzeit praktisch nie richtig dunkel wurde, ging an der Hafeneinfahrt auf der Mole das Leuchtfeuer an. Dieses Leuchtfeuer war natürlich nur dem Namen nach ein Feuer, denn in Wirklichkeit wurde das Licht von Glühbirnen erzeugt. Diese wiederum waren in einem kleinen Türmchen – ca. 3m hoch – untergebracht, welches wie ein echter Leuchtturm aussah.

Zeitgleich mit dem erstrahlen des Leuchtfeuers konnten Hans und Vera das blinken des echten Leuchtturms beobachten. Dieser stand in nur 1,5km Entfernung am Ende der Halbinsel und warf blinkendes Licht weit auf das stille Meer hinaus. Der Leuchtturm war 14m hoch und konnte zu bestimmten Zeiten bestiegen werden. Die Aussicht von dort oben war einfach super: Vorne die unendlichen Weiten des Meeres und nach hinten die schneebedeckten Gipfel der Berge, welche in einer Stunde mit dem Auto zu erreichen waren.

Und noch etwas Besonderes hatte der Leuchtturm zu bieten: Paare konnten sich dort trauen lassen!

Zu dem Leuchtturm gehörte auch eine Wetterstation mit diversen Meßvor-
Richtungen die von einem Meteorologen betreut wurde. Dieser bewohnte eines von den drei Gebäuden die am Fuße des
Turmes standen. Die anderen beiden waren Ferienhäuser welche das ganze Jahr über gemietet werden konnten. Davon wurde auch häufig Gebrauch gemacht, da das ganze Gebiet um den Leuchtturm herum bis an die Grenzen der Halbinsel, Vogel und Naturschutzgebiet war. Ornithologen und Biologen waren ständig anzutreffen.

All diese besonderen Augenblicke
waren es, welche Hans und Vera förmlich in sich aufsaugten um sie nie zu vergessen.

Hans liefen Tränen die Wangen hinunter, während er das Fotoalbum in den Händen hielt und ihn die Erinnerungen
übermannten. Er war sich mit seiner
Familie einig jedes Jahr Urlaub in ihrem gemeinsamen Traumland zu machen.

Das war noch zweimal gelungen bevor das entsetzliche Unglück geschah, welches die ganze Familie auseinander riss.

Nun war Hans alleine, behindert und sehr einsam und träumte auch tagsüber mit offen Augen von dem Glück welches nur noch in seiner Erinnerung lebte.

BLIND DATE

Mein Leben lang habe ich auf diesen einen Moment gewartet. Auf diesen einen Augenblick von dem ich erwartete das er mein weiteres Leben bestimmen würde. Nun war es soweit: Gleich würde ich ihr gegenüber sitzen. Mir wird schon ganz heiß wenn ich nur daran dachte. Ob ich schon mal heimlich einen Blick riskieren sollte?

Sie sitzt an dem Tisch welchen wir für unser Date ausgesucht hatten. Ich kann sie sowieso jetzt nur von hinten sehen, aber das was ich sehen kann, ist schon etwas besonders, denn so lange schwarze Haare hatte ich noch nie gesehen! Ich zittere förmlich vor Erregung wenn ich daran denke wie es sein würde bei ihr zu sitzen und in die Augen zu sehen.

Endlich ist es soweit: Ich habe es geschafft mit meinem ganzen Mut und wackeligen Beinen ihr gegenüber am Tisch Platz zu nehmen und was ich da von Angesicht zu Angesicht zu sehen bekomme, verschlägt mir glatt die Sprache!

Diese Frau, die mir da von der anderen
Seite des Tisches heiße Blicke entgegen
warf, war schlicht und einfach das was man
eine Granate nennt! Gut, ich bin auch nicht
gerade hässlich und wirklich gut gebaut –
was mir von verschiedenen Seiten auch
immer wieder bestätigt worden ist, aber
wenn ich diese Frau ansehe komme ich mir
vor wie ein hässliches Entlein!!

Dieses schwarze, volle, hüftlange Haar
glänzte bei dem heutigen Lichteinfall wie
ich es zuvor nur ganz selten gesehen habe.
Die Frau hat eine phantastische Figur und
man hätte glauben können, dass sie für die
berühmten Maße von 90-60-90 Modell
gestanden hat. Sie trägt ein rotes, figur-
betontes Kleid mit einem Dekolleté
welches Einblicke gewährte, bei denen es
mir so heiß wird, dass ich Mühe habe
meine Gedanken zu sortieren und in die
richtigen Bahnen zu lenken. So gebe ich
mir den Anschein, dass ich voller
Bewunderung die goldene Kette betrachte,
welche dem Dekolleté einen würdigen
Rahmen gibt.

Das Gesicht, eingerahmt von diesen glänzenden schwarzen Haaren, gleicht dem einer Schönheitskönigin – so zart, ebenmäßig und doch kaum geschminkt. Große, goldene Ohrringe bieten einen perfekten und schönen Kontrast zu diesen Haaren.

Die Augen – ich bilde mir ein, dass sie mich irgendwie voller Begierde ansehen – sind groß und braun. Und dann dieser Mund! Dieser sinnliche, verführerische Mund mit den herrlichen roten Lippen! Gepflegte Hände und feingliedrige Finger, deren Nägel rot lackiert sind, bewegen sich langsam über den Tisch auf mich zu und ergreifen Besitz von mir. Ihr Mund öffnet sich und zwei Reihen schneeweißer Zähne sind zu sehen und ich fühle, gleich wird es geschehen.

Denn was kann es schöneres geben als von so einer Frau vernascht zu werden? Das war eine Ehre für mich und auch für jedes andere Wiener Würstchen!

GESICHTER UND GEDANKEN

Es ist Montag und ich habe mir vorgenommen heute mal einen besonderen Besuch zu machen. Dafür gehe ich in die Praxis von meinem Hausarzt, ja ganz richtig, in eine Arztpraxis. Nicht das ich krank wäre und zum Arzt müsste, nein, das ist etwas mit dem ich nichts zu tun habe. Meine Beziehung zu den Ärzten ist eine ganz besondere, aber darauf werde ich zu einem späteren Zeitpunkt noch eingehen.

Beim Arzt angekommen habe ich mich dann still in eine Ecke gestellt und nichts weiter getan als die Patienten beobachtet und versucht deren Gesten und Gesichtsausdrücke zu verstehen.

Als erstes betrachte ich einen älteren Mann, ich schätze ihn auf Anfang siebzig, der auf einem Stuhl direkt neben dem Fenster Platz genommen hat. Er sitzt leicht gebückt auf dem Stuhl, so dass ich seinen spärlichen Haarwuchs bewundern kann. Eine kleine schwarze Tasche, in der offensichtlich seine Papiere waren, presste er mit beiden Händen fest auf seine Oberschenkel. Seine blauen Augen sind hinter einer übergroßen Brille zu sehen und er gibt sich den Anschein als würden ihn nichts und niemand interessieren.

Neben diesem Mann sitzt ein anderer, der auf den ersten Blick ganz cool wirkt. Er ist ca. fünfzig Jahre alt und ganz in schwarz gekleidet was auch zu seinem vollem schwarzen Haar passt. Auch er trägt eine Brille und hat braune Augen. Diese wandern unruhig hin und her und scheinen nur den Fußboden des Wartezimmers zu sehen.

Ein Stuhl ist frei und auf dem nächsten Stuhl sitzt eine Frau mit hellblonden, kurzen Haaren und graublauen Augen. Sie ist Anfang sechzig und blättert lustlos und uninteressiert in einer Zeitschrift denn sie ist als Begleitung für ihren Mann mitgekommen. Dieser ist deutlich älter, ca. fünfundsiebzig, schlank mit blauen Augen und fast weißen, kurzen Haaren. In der Hand hält er zwei Gehhilfen (Krücken) und unterhält sich laut und ungeniert mit seiner Frau, so dass alle im Wartezimmer bald über die Familienverhältnisse der beiden informiert sind – zumindest teilweise. Das schlimme dabei ist: der Mann benimmt sich wie zu Hause, denn er rülpst, stöhnt, bohrt sich in der Nase und bläht sogar als wäre er alleine.

In der Ecke, direkt neben der Tür, sitzt eine Frau die auch ca. sechzig Jahre alt ist. Sie hat schulterlange, dunkelblonde Haare und ihre hellblauen Augen sehen durch eine Brille auf das, was ihre Hände gerade vollbringen – sie stricken! Die Wolle und vermutlich noch diverses Zubehör, ist in ihrer großen Tasche versteckt, welche sie vor sich auf die Erde gestellt hat. Sie wirkt vollkommen entspannt und verschwendet entweder keinen Gedanken daran, warum sie hier ist, oder sie braucht das Stricken um sich von ihrer Angst abzulenken.

Eine andere Frau sitzt auf dem zweiten Stuhl vom Eingang her gesehen und hat kurze, blonde, fast weiße Haare. Sie ist Mitte vierzig und hat ein T-Shirt an, obwohl es draußen ziemlich kalt ist. Ich denke mir, dass sie ganz bewusst dieses

Shirt gewählt hat, denn es ist enganliegend und betont ihre gute Figur. Sie kaut Kaugummi und sucht in einer Zeitschrift ganz gezielt nach Rezepten. Neben ihr auf der Erde stehen zwei volle Tragetaschen, offenbar hat sie vor dem Arztbesuch noch etwas eingekauft.

Jetzt kommt die Arzthelferin, bleibt in der Tür stehen und ruft: „Frau Wurm, bitte in Raum zwei!" Unwillkürlich setzt ein leises, aber unüberhörbares Kichern ein. Die eben beschriebene Frau steht auf, wirft einen giftigen Blick in die Runde, nimmt ihre beiden Taschen – nicht ohne vorher die Zeitschrift wie unbeabsichtigt hinein zu stecken – und geht in Richtung von Raum zwei.

Kurz sehe ich den Arzt über den Flur gehen: 1,90m groß, sehr schlank, mit einem scharfen und stechenden Blick. Ein freundliches Wort für jeden, dem er begegnet kommt über seine Lippen. Jeder merkt: er ist ein Mann mit Erfahrung und in Ehren ergraut, denn er ist auch schon einiges über sechzig.

Von vielen wird er auch heimlich und leise „Häuptling Silberlocke" genannt.

Jetzt kommt ein junges, hübsches Mädchen herein und setzt sich auf den freien Stuhl von Frau Wurm und ist offensichtlich froh, dass sie sitzen kann. Sie ist wohl gerade erwachsen geworden und hat langes, schwarzes Haar. Ihre blauen Augen blicken sehr gequält in diese Welt. Das Mädchen hat einen dicken Schal um den Hals und ist immer wieder am husten. Außerdem scheint sie Fieber zu haben.

Ich werde alle Personen die hier im Wartezimmer sitzen der Reihe nach besuchen, aber zu diesem jungen Mädchen gehe ich zuerst. Sie ist noch so jung, aber trotzdem die einzige hier im Raum welche wirklich ernsthaft krank ist. Darum werde ich sie als erstes besuchen, morgen schon, denn ich bin - der Tod.

MEIN BH UND ICH

Mein Name ist Beate Husemann und ich bin 32 Jahre alt. Von Beruf bin ich Industriekauffrau und arbeite in dem Unternehmen meiner Eltern. Ich bin 172 cm groß, habe blaue Augen und hüftlange, hellblonde Haare auf die ich sehr stolz bin! Nach mehreren Versuchen habe ich mich damit abgefunden alleine zu leben (zumindest bis auf weiteres).

Da das alleine leben auf Dauer doch etwas langweilig ist habe ich mir vor ein paar Tagen einen Kindheitswunsch erfüllt: Ich habe mir einen Pudel angeschafft! Es ist ein hübscher Rüde, blond wie ich, zwei Jahre alt und hört auf den schönen Namen „ Bernfried Antonius Constantin von Harbershausen und Hinterjoch".

Jeder wird verstehen wenn ich für den Hund einen kürzeren Namen suchte – und ihn auch fand. Da der erste Vorname des Pudels mit **B** anfängt und die beiden Nachnamen mit einem **H** und das bei mir – Beate Husemann – auch der Fall ist, taufte ich den Pudel kurzerhand auf den Namen „BH". Somit sind wir beide in dem Kürzel für immer vereint.

Das ich damit einige Schwierigkeiten auf mich zukommen würden, konnte ich zu dem Zeitpunkt noch nicht ahnen!

Ich ging zum Gemeindeamt um den Pudel anzumelden, denn als aufrichtiger Bürger wollte ich natürlich auch die Hundesteuer bezahlen. Am Schalter sagte ich zu dem Beamten, dass ich meinen BH anmelden und die Steuern dafür gleich hier bezahlen wollte.

Der Beamte schaute etwas irritiert auf meine Oberweite und meinte nur das da nichts zu sehen sei wofür es nötig wäre Steuern zu bezahlen.

„Aber das ist für meinen Hund", antwortete ich. Worauf der Beamte meinte, dass perverse Spiele mit Tieren zwar verboten seien, aber eine Steuer gäbe es dafür nicht.
„Sie verstehen mich nicht! Ich wollte schon als kleines Kind einen BH haben und bin jetzt auch bereit dafür zu bezahlen!" Da meinte der Beamte, ich sollte augenblicklich

den Raum verlassen, nach Hause gehen, meinen Rausch ausschlafen und dann noch einmal wiederkommen.

Der nächste Gang war dann mit BH zum Tierarzt, denn er sollte natürlich untersucht werden und die nötigen Impfungen zu erhalten. Der Arzt war von ihm begeistert.

„Ihr BH sieht wirklich toll aus! Diese feingliedrigen, ebenmäßigen Formen, dazu die blonden Haare und diese aussagekräftigen, schönen Augen. Ich werde Ihren BH eingehend untersuchen aber ich glaube nicht, dass ich etwas zu beanstanden haben werde."

„Ich freue mich, dass Ihnen mein BH gefällt und hoffe, dass wir beide noch viel Spaß mit ihm haben werden", antwortete ich. Danach stürmte jemand durch die offene Tür zu uns herein und gab dem Tierarzt und mir eine Ohrfeige – es war die Ehefrau des Arztes.

Ich merkte bald, dass die Fellpflege bei meinem BH nicht ganz unproblematisch war, insbesondere wenn wir im Regen draußen gewesen waren.

Um es etwas einfacher zu haben bin ich in eine Zoohandlung gegangen. Dort angekommen sagte ich zu der Verkäuferin, das ich für meinen BH ein Mäntelchen kaufen wollte, damit er nicht immer so nass wird und er leichter zu pflegen sei.

Nachdem sich die Schnappatmung der Verkäuferin gelegt hatte, langte sie nach Zettel und Kugelschreiber, schrieb etwas auf und gab mir den Zettel mit folgenden Worten:

„Dies ist die Adresse von meinem Bruder - er ist Psychiater. Wenn Sie wollen rufe ich ihn sofort an, damit Sie ganz schnell einen Termin bei ihm bekommen!"

Einmal wollte ich in die Ausstellung eines bekannten Bildhauers gehen und fragte an der Kasse ob ich meinen BH mit hinein nehmen könnte, wenn nicht würde ich ihn im Auto lassen.

Der Kassierer sah mich von oben bis unten an und meinte dann, wenn ich noch mehr im Auto lassen wollte, dann wäre für mich der Eintritt frei.

Ich bin die ganze Zeit am überlegen warum gerade mir solche Dinge passieren und nach genauer Analyse der Ereignisse habe ich die Lösung gefunden:
Ich werde die blonden Haare von meinem BH schwarz färben!

DER FLASCHENGEIST

Es gibt eine ganz besondere Geschichte zu erzählen, von einem Ehepaar mit dem Namen Ute und Heiko Dümmlich.

Die beiden waren seit zehn Jahren verheiratet und hatten sich zu ihrem Ehejubiläum in einem Golfclub angemeldet. Ute und Heiko hatten jetzt einige Wochen lang fleißig Trainingsstunden genommen und wagten sich heute das erste Mal alleine auf den Parcours.

Es ging auch alles ziemlich glatt. Nur einmal geschah Ute ein kleines Missgeschick: am siebten Loch legte sie einen phantastischen Abschlag hin. Der Ball war so kraftvoll, mit so viel Elan, mit so viel Hingabe und Frauenpower geschlagen, dass der Golfschläger vor lauter Neid versuchte, den Ball in der Luft zu überholen um vor diesem im Loch zu sein.

Ute hatte Glück, dass die Flug und Landebahn blitzartig von einigen Zuschauern geräumt wurde!

Voller Schadenfreude meinte ihr Mann nur: „Das kann aber auch nur dir passieren!"

Danach spielten die beiden ohne Zwischenfälle weiter. Ute gab sich alle Mühe, damit nicht noch ein Missgeschick geschehen möge und Heiko hatte sich vorgenommen seiner Frau zu zeigen wie man richtig Golf spielt.

Es ging alles gut bis zum fünfzehnten Loch. Da Heiko nach Schlägen vor Ute lag, beschloss diese ihn mit gewissen, und bei ihr auch in ausgeprägter Form vorhandenen, weiblichen Attributen abzulenken.

Das gelang ihr so gut, dass Heiko den Ball völlig unkontrolliert in die falsche Richtung auf die Reise schickte. Bevor Heiko noch über diesen missglückten Abschlag nachdenken konnte, hörten er und Ute es laut klirren.

Was war geschehen? Die beiden schauten sich erschrocken an. Aber es bedurfte nur eines klärenden Blickes und sie wussten wo das Geräusch hergekommen war: direkt an der Grenze zum Golfplatz stand ein wunderschönes altes Haus.

Durch Ute irritiert, hatte Heiko den Golfball irgendwo in diesem Haus platziert.

Schuldbewusst und in der Absicht für den entstandenen Schaden aufzukommen, machten die beiden sich auf den Weg zu diesem Haus. Sie brauchten gar nicht lange zu suchen um sofort eine kaputte Fensterscheibe zu sehen.

Als Ute und Heiko näher kamen und praktisch genau vor dem Fenster standen, konnte sie in dem Raum dahinter eine zerstörte Vase auf dem Boden liegen sehen. Daneben stand ein Mann mit einem
Turban auf dem Kopf. Dieser öffnete den beiden die Haustür und ließ sie herein ohne eine Wort zu reden und fixierte die beiden mit seinen braunen Augen. Ute und Heiko starrten verlegen abwechselnd auf das Fenster und die zerstörte Vase.

„Ich muss euch beiden dankbar sein", sprach der Mann zu ihnen mit einer tiefen, dunklen und sonoren Stimme. Allein dieser Satz löste bei Ute und Heiko ungläubiges Erstaunen aus! Noch größer wurde die Verwunderung als der Mann weiter sprach:

„Dadurch, dass ihr nicht nur die Fensterscheibe sondern auch diese Vase zerschlagen habt, konntet ihr mich aus meinem 2000 Jahre alten Gefängnis befreien! Ich sehe euch an, dass ihr mich versteht: Ja, ich bin ein Flaschengeist! Ihr habt jetzt zwei Wünsche frei, die ich euch erfüllen werde. Allerdings nur unter der Bedingung, das ihr mir auch einen erfüllt!"

Ute und Heiko fühlten sich wie in einem Märchen und waren ohne zu überlegen zu allem bereit was der Flaschengeist ihnen vorschlug. „Dann lasst mich eure Wünsche hören", meinte der Mann. Ute wünschte sich, dass ihr Vermögen jeden Tag um eine Million Euro größer wird und Heiko wollte der beste Golfspieler der Welt sein.

„Alles kein Problem," meinte der Mann! „Nun kommt aber mein Wunsch: Ich war so lange alleine und musste ohne Frau auskommen, darum möchte ich mit dir, Ute, eine vergnügliche Stunde verbringen."

Ute brauchte nicht lange zu überlegen, denn bei dem was sie an Wünschen erfüllt bekommen hatten, war so eine Stunde mit einem Flaschengeist als Gegenleistung nicht viel. Und überhaupt – eine Stunde mit einem Mann der seit 2000 Jahren keine Frau gehabt hatte, dass musste etwas besonderes werden! Wenn sie das ihren Freundinnen erzählte, wäre sie die Heldin für alle Zeiten.

Heiko war auch sofort einverstanden und dachte nur: Von mir aus kann der Geist Ute gleich mit in seine nächste Vase nehmen! Er verließ das Haus um weiter Golf zu spielen und Ute vergnügte sich eine Stunde mit dem Flaschengeist.

Nachdem die Zeit um war und Ute sich wieder angezogen hatte meinte sie zu dem Flaschengeist:
„Ich bin schon etwas enttäuscht! Von einem Mann der 2000 Jahre ohne Frau auskommen musste, hätte ich doch viel mehr erwartet!"
Der Geist erwiderte:
„Sag mal Ute, wie alt seid ihr beiden eigentlich?"
Etwas erstaunt beantwortete sie diese Frage: „Ich bin 34 und Heiko ist 37."

Der Mann fing laut an zu lachen und fragte:
 „Und in diesem Alter glaubt ihr beiden noch an Märchen und Flaschengeister?"

DER NEUE CHEF

In einem Unternehmen wurde ein neuer Manager gesucht. Die Firmenleitung wollte nicht länger mit ansehen wie in einem Teilbereich des Unternehmens ständig rote Zahlen geschrieben wurden. Es sollte ein Mann gefunden werden welcher über viel Erfahrung verfügte, der das Übel an der Wurzel packen und mit eiserner Hand aufräumen würde.

Der Mann wurde auch bald gefunden: Er hieß Hannibal Scharfrichter und war als harter Hund bekannt.

Es kam der Tag der Tage – nämlich der Tag an dem er zum ersten Mal als Chef durch die Abteilung ging. Mit einer ganzen Traube von Mitarbeitern, alles leitende Angestellte seines Bereiches, in seinem Schatten, kam Hannibal über seine armen Untergebenen wie Thor mit seinem Hammer über seine Feinde. Gleich im ersten Büro wollte er beweisen wie streng er zukünftig mit seinen Untergebenen umgehen wollte.

Dort saßen zwei Männer an ihren Schreibtischen und der eine verschwand fast hinter einer Wand aus Papieren.

„Was ist denn mit Ihnen los? Warum liegen so viele Papiere bei Ihnen auf dem Tisch, " giftete der neue Chef seinen Mitarbeiter an.

„Ich war krank und die ganze Arbeit ist liegen geblieben. Ich schaffe es einfach nicht alles aufzuholen, " antwortete der Mann mit zittriger Stimme.

Da brüllte der Herr Scharfrichter los: „Soso, Sie waren also krank und schaffen jetzt ihre Arbeit nicht mehr? So eine Memme können wir hier in Zukunft nicht mehr gebrauchen! Zum nächsten ersten können Sie Ihre Sachen packen! Ich hoffe für Sie das bis dahin dieses bisschen Arbeit auf Ihrem Schreibtisch erledigt haben, sonst werden Sie mich noch von einer anderen Seite kennenlernen!"

Mit stolz geschwellter Brust verließ er das Büro – seine leitenden Angestellten immer noch im Schlepptau.

Einige Meter weiter den Gang hinunter lehnte ein Mann ganz lässig an der Wand und bestaunte die Gruppe Menschen, welche auf ihn zukam. Herr Scharfrichter blieb vor ihm stehen und schnauzte ihn an: „Wieviel verdienen Sie in einer Woche?" Verblüfft antwortete der Mann: „400 €!" Der neue Manager zückte seine Geldbörse und warf dem Mann 800 € vor die Füße.

„Da haben Sie den Lohn für zwei Wochen! Verschwinden Sie und lassen Sie sich nie wieder hier blicken! Solche faulen Säcke können wir hier nicht gebrauchen!"

Der Mann bückte sich, nahm das Geld und ging fröhlich pfeifend in Richtung Ausgang.

Herr Scharfrichter war leicht irritiert und sah sich nach seinen Begleitern um: „So macht man das! Schon haben wir eine Schmeißfliege im Unternehmen weniger! Wer war der Mann überhaupt?" Einer seiner Begleiter antwortete lächelnd: „Das war Luigi, vom Pizza-Kurier!"

TABEA STIRBT ZWEIMAL

Dieser Raum war düster und trist. Er wirkte unheimlich und bedrohend und kaum jemand würde freiwillig seine Zeit darin verbringen und doch stand ein Bett darin. Ein Bett, kaum erkennbar in diesem Halbdunkel, auf dem etwas zu liegen schien.

Dieses „etwas" war ein Lebewesen, bei genauem hinsehen ein Mädchen. Es lag da wie tot. Doch das Mädchen lebte – wie man an der ganz leichten und flachen Atmung erkennen konnte. Die beiden blauen Kinderaugen starrten beinahe wie leblos in das Halbdunkel des Raumes. Sie fangen auf einmal an sich zu bewegen, erst langsam, dann schneller und unstetig, ängstlich, wie bei einem gehetzten Tier.

Nur gehören diese Augen nicht einem Tier, sondern einem fünfzehnjährigem Mädchen mit dem Namen Tabea. Sie war nur notdürftig bekleidet und mit den Händen und Füßen an den Stäben dieses Bettes gefesselt. Alle nicht bedeckten Körperstellen – und das waren viele – waren mit Blutergüssen und Wunden aller Art bedeckt.

Dieses Bett war das einzige Möbelstück im Raum. In der einen Ecke stand eine große Schüssel mit Wasser und direkt daneben ein Metalleimer welcher nur als Toilette diente. Der Raum hatte keine Belüftung und die Gerüche waren unbeschreiblich, doch Tabea nahm sie schon gar nicht mehr wahr.

Ihre Gedanken überschlugen sich, denn ihr Gefühl sagte ihr, dass ER gleich kommen würde. Sie spürte es einfach. Tabea wusste nicht mehr wie oft ER bei ihr gewesen war und sie wusste auch nicht wie lange sie schon diesem Martyrium ausgesetzt war – vielleicht Tage oder vielleicht auch Wochen denn sie hatte jeglichen Sinn für Zeit verloren. Nur eines wusste Tabea genau:
Sie wünschte sich tot zu sein, damit alles endlich vorbei war.

Ihre Augen suchten den Ort in der Wand an dem sie die Tür wusste. Gleich würde diese Tür aufgehen und Tabea wusste genau was dann geschehen würde.

Aber davor hatte sie keine Angst, denn in ihr war nur noch Hass. Hass der sie am Leben hielt. Auch den körperlichen Schmerz welchen ER ihr zufügen konnte, spielte für sie keine Rolle mehr.

Dann war es soweit: Die Tür ging auf und ER kam herein!

Wie immer ganz in schwarz gekleidet, mit einer schwarzen Maske vor dem Gesicht und mit schwarzen Handschuhen an den Händen. Langsam ging ER auf Tabea zu und blieb vor dem Bett stehen und schaute auf sie hinab. ER beugte sich hinunter, löste ihre Fesseln und sagte nur:

„Du weißt Bescheid!"

Tabea wusste was sie nun zu machen hatte. Langsam stand sie auf und stellte sich vor das Bett. Die Schmerzen, welche ihren Körper durchfluteten, zeigten ihr nur das sie lebte! Noch!

Am Anfang hatte sie sich gewehrt, versucht zu schlagen, zu treten, zu beißen, aber sie hatte als fünfzehnjähriges Mädchen keine Chance gegen den kräftigen Mann.

Als ER ihr dann beim ersten Mal die Unschuld nahm, stieß ER regelrechte Jubelschreie aus.

Jetzt ließ sie einfach alles über sich ergehen und wünschte sich nur, dass alles schnell vorbei war. Tabea hatte keinen Mut mehr, keine Kraft und die Lust am Leben verloren!

ER trat zwei Schritte zurück und Tabea fing an sich langsam ihrer wenigen Kleidungsfetzen zu entledigen. Sie musste ihm dabei direkt in die Augen sehen, welche heute hellblau waren – ER wechselte offensichtlich jedes Mal die Augenfarbe bevor ER sie besuchte.

Als sie jetzt nackt vor ihm stand, ging sein Atem schon schneller und ER bemühte sich, möglichst schnell seinen Gürtel von der Hose zu bekommen.

Tabea musste sich jetzt umdrehen und ER entledigte sich seiner Handschuhe um mit bloßen Händen jeden Zentimeter von ihrem Körper zu betasten. Diese Berührungen lösten bei ihr schon ein Ekelgefühl aus.

Sein Atem ging immer schneller und als die Berührungen aufhörten wusste Tabea, das erst jetzt der wahre Alptraum beginnen würde. Sie musste sich nach vorne beugen und am Bettgestell festhalten. Danach hörte sie das Geräusch, welches sie am meisten hasste:

Das pfeifende sausen des Ledergürtels bevor er auf ihrem Körper traf! Dicht auf dicht vielen die Schläge. Bei Tabea liefen die Tränen, aber sie biss die Zähne zusammen um ihn nicht auch noch mit ihren Schmerzensschreien zu erfreuen!

Sie musste sich danach umdrehen und zusehen wie ER sich auszog bevor ER sich mit einem lauten Schrei auf Tabea stürzte um sie zu vergewaltigen! Sie schloss die Augen um nicht auch noch ständig etwas von ihm sehen zu müssen. Bis jetzt war es nach einem Mal immer vorbei gewesen, doch diesmal war es irgendwie anders:

Es war nämlich noch schlimmer!
ER schlug sie und vergewaltigte sie brutaler und heftiger als jemals zuvor – und das nicht nur einmal!

Tabea tat etwas, das sie noch nie getan hatte: Sie flehte ihn an doch endlich aufzuhören! Doch das schien ihn nur noch
wilder zu machen! Wieder machte Tabea etwas was sie vorher noch nicht getan
hatte: Sie betete und wünschte sich Erlösung durch den Tod! Dabei dachte sie nicht eine Sekunde an ihren Peiniger.
Auf einmal ließ ER von ihr ab und sie nahm war das ER zurücktrat um sich dann plötzlich wieder auf sie zu stürzen um ihr ein Tuch vor das Gesicht zu pressen und eine barmherzige Ohnmacht umfing Tabea.

Sie erwachte, nackt und zerschunden, in einem Steinbruch 200km von ihrem zu Hause entfernt.

Als sie jemand heftig an ihrer Schulter berührte, schlug Tabea ihre Augen auf und sah einen fremden Mann der sich über sie beugte. Sie fing an zu schreien und hörte erst wieder auf als die Polizei und der

Notarzt kamen damit sie in einem Krankenwagen in die nächste Klinik gebracht werden konnte.

Ein paar Stunden später standen Tabeas Eltern an ihrem Krankenbett und ihre liebe Mutter brach beim Anblick der zerschundenen und misshandelten Tochter zusammen.

Ihre Eltern hielten in den ersten Wochen auch mit Absicht Tabeas vier Jahre jüngere Schwester Lucy von ihr fern – was auch verständlich war.

Vater und Mutter sorgten liebevoll für Tabea. Sie waren immer da und versuchten ihr jeden Wunsch zu erfüllen. Es dauerte nur Wochen bis Tabeas körperliche

Wunden verheilt waren, aber ob auch ihre seelischen verheilen würden, dass konnte nur die Zukunft zeigen.

Die Polizei konnte nie aufklären wer Tabea das alles angetan hatte und wo sie diese zehn Tage versteckt gehalten wurde. Alle Spuren, wenn es denn welche gab, verliefen im Sand. Auch als die Öffentlichkeit durch Presse und Fernsehen aufgerufen wurde zu helfen, gab es keine brauchbaren Hinweise. Sogar eine Belohnung von 10000 € die von Tabeas Vater auf die Ergreifung des Täters ausgesetzt wurde, brachte keinen Erfolg.

Trotz aller Zuwendung und Liebe von ihren Eltern wurde Tabea immer einsamer. Freunde verließen sie und in der Schule gab es auch Probleme.

Einen Tag nach ihrem achtzehnten Geburtstag ging Tabea in ein Kloster um Nonne zu werden. Ihr Vater konnte das nicht verstehen und hatte seitdem fast keinen Kontakt mehr zu ihr.

Aber Tabeas Leidensweg war noch nicht zu Ende.

Es verging nur etwas mehr als ein Jahr nachdem Tabea in das Kloster eingetreten war, da geschah das unfassbare:

Ihre jüngere Schwester Lucy, mittlerweile auch fünfzehn Jahre alt, verschwand auf die gleiche mysteriöse Weise wie Tabea.

Auch sie wurde zehn Tage später in dem gleichen Steinbruch wie Tabea gefunden –

mit den gleichen Wunden an Körper und Seele.

Verzweifelt versuchte Tabea ihrer Schwester zu helfen, so gut sie konnte. Wer konnte es besser als sie?

Und die Polizei? Auch diesmal tappte die Polizei im Dunkeln.

Nur zwei Monate nachdem man Lucy gefunden hatte, nahmen sich Lucy und ihre Mutter gemeinsam das Leben, indem sie vom höchsten Haus der Stadt in den Tod sprangen! Einfach unfassbar für alle!
Wieviel grausames und entsetzliches musste die neunzehnjährige Tabea bis jetzt
ertragen – wieviel konnte sie noch ertragen ohne daran zu zerbrechen?

Am Tag der Beisetzung von Lucy und ihrer Mutter brachen auch die letzten
Familienbande auseinander, denn ihr Vater machte ihr klar, dass sie ihr Leben im
Kloster leben sollte und er seines für sich alleine leben wollte.
Ein weiterer Schicksalsschlag für Tabea.
Siebzehn Jahre später: Schwester Tabea, gekleidet im normalen, schwarzen Habit,

geht durch einen weißen und steril wirkenden Flur im achten Stock des städtischen Krankenhauses. Es ist erst 8:00 Uhr morgens, aber trotzdem schon warm und schwül. Einige Fenster auf dem Flur standen auf um Frischluft und Durchzug zu gewährleisten.

Aus Tabea war eine Nonne geworden die ganz in ihrem Beruf und ihrer Berufung aufging. Der Glaube und die Liebe und Hilfe der Mitschwestern hatten dafür gesorgt, dass Tabea ihr Leid hatte bewältigen können.

Nur heute fühlte sie sich sehr angespannt, denn Tabea war von der Stationsschwester benachrichtigt worden, dass ihr Vater eingeliefert worden sei. Mit einem offenen Bein, das nicht mehr verheilen würde und Krebs im Endstadium hätte er nur noch 1-2 Wochen zu leben und möchte ein letztes Gespräch mit seiner Tochter.

Tabea konnte und wollte natürlich nicht „Nein" zu diesem Gespräch sagen und so stand sie jetzt auf dem Flur vor dem Zimmer mit der Nummer 815.

Sie holte mehrmals tief Luft um ihre innere Unruhe, oder besser gesagt Angst, in den Griff zu bekommen. Siebzehn Jahre ohne Kontakt waren eine lange Zeit!

Noch einmal tief Luft holen, kurz anklopfen, die Tür öffnen und eintreten.
Tabeas Blick blieb sofort an dem einzigen Bett in diesem Raum hängen. Das Bett in dem ihr Vater lag, welcher jetzt ihren Blick einfing. Er hielt diesen Blick fest, ja, er schien ihn regelrecht aufzusaugen.

Als Tabea dann direkt vor ihm am Bett stand, war sie sehr erstaunt, denn ihr Vater schien in all den Jahren nicht gealtert zu sein, trotz der schwere seiner Krankheiten. Tabea stand da, schaute ihren Vater an und konnte kein Wort sagen, nicht einmal ein: Hallo hier bin ich oder wie geht es dir
heute. Ihr Vater schien das zu spüren, nahm ihre Hand und fing an zu reden.

Doch schon nach ein paar Worten wurde er unterbrochen, weil der Pfleger hereinkam. Er brachte in einer Schale Verbandsmaterial, Schere, Pflaster und Salbe mit. Als er sah das Tabea Hand in Hand mit ihrem Vater am Bett stand, wollte er zum verbinden später wiederkommen und dann auch das Geschirr vom Frühstück mitnehmen. Dann ließ er das Verbandsmaterial auf dem kleinen Tisch stehen, welcher an der Wand in der Nähe des Bettes stand und ging hinaus.

Tabeas Vater sprach weiter und er redete und redete. Langsam zuerst, dann schneller, aber dafür immer wieder mit Pausen, so als müsste er die richtigen Worte finden.

Tabea redete gar nicht, sie hörte nur zu, nahm schon bald ihre Hand aus der des Vaters und erstarrte immer mehr zur Salzsäule.

Als er aufhörte zu reden, schloss er die Augen und wartete auf Tabeas Reaktion, doch die stand nur noch da, weinte und hielt mit der einen Hand das Kreuz umklammert, welches sie an einer Kette um den Hals trug.

Der Vater hatte immer noch die Augen zu und Tabea dachte nur: Nie wieder will ich in diese Augen sehen. Auf dem Schränkchen neben dem Bett stand noch eine Kunststoffschüssel vom Frühstück, sie griff danach und schlug sie ihrem Vater mit aller Kraft an die Schläfe, so dass dieser sich kurz aufbäumte und dann bewusstlos zusammensackte.

Dann lief sie zu dem Tisch, nahm das Pflaster um ihm mit mehreren Streifen den Mund zu verkleben. Mit den Binden
fesselte Tabea ihn mit Händen und Füßen an das Bettgestell.

Nun lag ER da, ja es war nicht mehr der Vater, sondern ER, der jetzt genauso hilflos da lag wie sie als fünfzehnjähriges Mädchen – und wie ihre geliebte Schwester Lucy auch in diesem einen Bett gelegen hatte. Jahrelang war Tabea nachts aufgewacht und hatte die schwarze Gestalt gesehen. Dieser Alptraum war jetzt wieder da, so als wäre es erst gestern gewesen.

Für das was ER ihr und ihrer Schwester angetan hatte und dafür, dass ER Lucy und die Mutter in den Tod getrieben hatte, erwartete ER von ihr Vergebung?

Niemals!

Lucy und die Mutter waren durch Zufall hinter sein grausames Geheimnis gekommen. Aber anstatt die ganze Wut, den Hass, den Schmerz und die Verzweiflung gegen den Vater und Ehemann zu richten und in die ganze Welt hinaus zu schreien, welches Ungeheuer eine Familie gegründet hatte, nahmen Lucy und die Mutter dieses Geheimnis mit ins Grab.

Warum, dass konnte Tabea jetzt und hier nicht verstehen. Vielleicht wollten die beiden ihr noch mehr Leid ersparen?

Sie hatte, wie damals, kein Empfinden dafür wieviel Zeit schon verstrichen war und vor Tabeas Augen baute sich das ganze Szenario von damals wieder auf.

Die ganzen zehn Tage und jeder einzelne Augenblick liefen wie im Film vor ihren Augen ab. Mit einem großen Unterschied: ER lag jetzt vor ihr. ER war in ihrer Hand. ER war ihr ausgeliefert.

ER würde jetzt von ihr bestraft – für alles was ER getan hatte.

Tabea nahm die Schere und stach zu! Einmal, zweimal, dreimal!

Für sie, für Lucy, für die Mutter. Alles was sie im Kloster die ganzen Jahre gelernt und gelebt hatte zählte nicht mehr. Jetzt zählte nur noch das was ER ihr, Lucy und der Mutter angetan hatte!!

Tabea warf noch einen letzten Blick auf ihn, drehte sich um, ging zur Tür, öffnete diese und verschloss sie von außen. Ganz ruhig als wäre nichts geschehen.

Die Mutter und Lucy hatten ihr den Weg vorgegeben – niemand sollte je erfahren was einmal geschehen war. Sie ging über den Flur zu einem der aufstehenden Fenster, stellte sich auf den Sims, umklammerte mit der einen Hand das Kreuz von ihrer Halskette und sprang – Tabea starb ein zweites Mal.

HYPNOSE

Das Ehepaar Heinz und Ilse Schönhaar feiern heute ihre Silberhochzeit. Eigentlich ist das ja ein Ereignis, welches groß gefeiert wird, aber die beiden hatten ganz bewusst beschlossen, dieses nicht zu tun. Darum nahmen sie die Glückwünsche der Familie und Freunde entgegen um dann den Tag zu zweit richtig zu genießen.

So richtig schön mit Essen gehen, abends ins Theater und anschließend der Abschluss in einer Tanzbar.

Heinz und Ilse tauschten ein paar Geschenke aus. Auch dabei gab es eine Besonderheit, denn die beiden hatten eine Vereinbarung getroffen:

Sie feierten den 25. Hochzeitstag und die Geschenke sollten den Wert von 25€ nicht übersteigen.

Ilse hatte sich aber noch etwas Besonderes überlegt und sprach mit Heinz darüber.

„Heinz, hör mal zu! In den vergangenen 25 Ehejahren haben wir uns gut verstanden und sind zusammen durch dick und dünn gegangen. Jeder kennt den anderen in- und auswendig, aber vielleicht gibt es doch eine Kleinigkeit, die einer an dem anderen auszusetzen hat und bis heute aber nicht angesprochen hat. Heute, an diesem besonderen Tag, sollten wir das tun ohne dem anderen deswegen böse zu sein!"

Heinz war ziemlich erstaunt, ging aber sofort auf diesen Vorschlag ein.
„Mich stört schon seit einigen Jahren, dass du immer öfter und immer lauter schnarchst. Ich habe durch Zufall erst gestern in einer Zeitung von einem Hypnotiseur gelesen, der mit seiner Kunst einige gesundheitliche Probleme bekämpfen kann. Geh du doch auch mal zu ihm hin."

Ilse ging dann auch gleich am nächsten Tag zu diesem Hypnotiseur und probierte dann abends, bevor sie ins Bett ging, auch gleich aus was ihr dieser ihr gesagt hatte.

Sie stellte sich im Badezimmer vor den Spiegel und sprach: „Ich schnarche nicht mehr, ich schnarche nicht mehr, ich schnarche nicht mehr!"

Am nächsten Morgen fragte sie ihren Mann wie er die Nacht geschlafen habe und Heinz war total begeistert, weil er seit langem wieder einmal durchschlafen konnte, denn seine Ilse hatte überhaupt nicht mehr geschnarcht!

Beide waren ganz hin und weg, darum wagte Ilse auch ihren Heinz mit folgender Bitte zu konfrontieren:

„Heinz, wie du selber gemerkt hast war mein Besuch beim Hypnotiseur von Erfolg gekrönt. Ich würde mir wünschen das du diesen Mann auch aufsuchst, damit es bei uns in der Liebe wieder besser klappt, denn da geht ja in letzter Zeit nicht mehr viel bei dir!"

Etwas beleidigt aber letzten Endes doch bereit den Wunsch seiner Frau zu respektieren machte sich Heinz am nächsten Tag auf den Weg zum Hypnotiseur. Am abend im Schlafzimmer ging seine Frau voller Erwartung ins Bett.

Heinz kam ins Schlafzimmer, zog sich aus und sagte zu seiner Frau: „Warte einen Moment! ich komme gleich wieder!"

Dann ging er ins Badezimmer, kam nach kurzer Zeit zurück und machte seine Frau glücklich wie schon lange nicht mehr.
Deshalb wollte seine Frau noch mehr, zumal sie sich schon lange in Verzicht hatte üben müssen.

So ging Heinz wieder ins Badezimmer, kam zurück und bereitete seiner Frau Ilse ein Vergnügen im Bett, dass diese alle Englein singen hörte! Doch Ilse wollte mehr!

Darum ging Heinz wieder ins Badezimmer, aber diesmal wollte seine Frau sehen und was er dort machte und schlich ihm heimlich und leise hinterher. Ilse sah wie Heinz sich vor den Spiegel stellte und folgende Worte sprach:

„Sie ist nicht meine Frau und nicht dick und hässlich, sie ist nicht meine Frau und nicht dick und hässlich, sie ist nicht meine Frau und nicht dick und hässlich!"
Seine Beerdigung ist Übermorgen!

DEM TÄTER AUF DER SPUR

Es war ein warmer und sonniger Freitagnachmittag im September, als um 16:15 Uhr bei Oberkommissar Jasper Begemann der Alarm einging. Ein kleines Mädchen wurde als vermisst gemeldet.
Er und seine Kollegin, Kommissarin Manuela Schöneberg, eilten so schnell wie möglich zu der angegebenen Adresse, einem kleinen, abseits gelegenen Bauernhof des Dorfes Kleinenwald.

Vor Ort warteten schon zwei Kollegen von der Streife und versuchten beruhigend auf eine Frau einzureden. Als der Oberkommissar und seine Kollegin den Wagen anhielten und ausstiegen, kam diese Frau weinend auf die beiden zugerannt.

Herr Begemann und Frau Schöneberg kamen nicht dazu sich vorzustellen und nach dem Sachverhalt zu fragen, denn es sprudelte nur so aus der Frau heraus:

„Herr Kommissar, Herr Kommissar, unsere Tochter ist weg. Unser Liebling, unser Sonnenschein, unser ein und alles! Bestimmt hat sie der fremde Mann entführt!"

Sie sagte noch einige Worte mehr, aber niemand konnte diese verstehen, denn sie fing wieder haltlos an zu weinen und zu schluchzen.

„Nun beruhigen Sie sich doch erst einmal", versuchte der Kommissar zu trösten „und sagen Sie mir doch wenigstens wie Sie und Ihre Tochter heißen."

Doch das ging gar nicht, so das zum ersten Mal einer der beiden Streifenpolizisten das Wort ergriff:

„Die Frau heißt Jasmin Maier (mit ai) und die Tochter heißt Kira. Diese ist neun Jahre alt, hat kurze, blonde Haare und braune Augen. Kira trägt einen blauen Rock, ein weißes T-Shirt, blaue Socken und Sportschuhe. Außerdem hat sie ihr Lieblingspuppe dabei."

Oberkommissar Begemann bedankte sich und wandte sich wieder Frau Maier zu. Diese hatte sich etwas beruhigt und seine Kollegin hatte die Gelegenheit genutzt um gleich mehrere Fragen an Frau Maier zu richten.

„Wie kommen Sie darauf, dass hier ein Verbrechen, eine Entführung vorliegt. Was ist das für ein fremder Mann von dem Sie sprechen und wo ist ihr Mann, oder weiß der noch gar nicht Bescheid?"

Frau Maier war auf so viele Fragen sichtlich nicht vorbereitet, musste mehrmals schlucken, und holte einmal tief Luft bevor sie langsam und stockend antwortete:

„Kira kam gestern und auch heute zu uns und erzählte das oben am Straßenrand ein fremder Mann mit seinem Fahrrad stehen würde, der die ganze Zeit unseren Hof beobachte. Mein Mann Holger konnte aber nur noch einen Mann von hinten sehen, der sich schnell mit seinem Rad entfernte. Seit drei Stunden ist Kira verschwunden und Holger sucht auch jetzt noch nach ihr und zwar in erster Linie in dem Wald dort hinten," Frau Maier zeigte mit ausgestrecktem Arm die Straße hinunter.

„Alle Freunde und Nachbarn haben wir gefragt, aber niemand

hat unsere Kleine gesehen! Alle haben versprochen die Augen offen zu halten oder sogar zu suchen!"

Frau Maier fing wieder laut an zu weinen und die vier Polizisten sahen sich vielsagend an. „Wir sollten überlegen…" weiter kam Oberkommissar Begemann nicht, denn ein Mann kam laut rufend und winkend die Straße entlang gelaufen.

Es war Holger, der Mann von Frau Maier. Nur Augenblicke später blieb er bei den Männern und Frauen stehen und hielt eine Puppe hoch, welch er in der Hand hatte.

„Das ist die Lieblingspuppe unserer Kira! Ich habe sie dort hinten am Waldrand in einem Gebüsch gefunden – und sie ist an der einen Seite voller Blut!"

Mit zittriger Hand hielt er den Polizisten die Puppe hin und kämpfte mit aufsteigenden Tränen. Kommissarin Schöneberg konnte gerade noch die zusammenbrechende Frau Maier auffangen.

Herr Begemann gab dem einen Streifenpolizisten die Anweisung in der Zentrale anzurufen um Verstärkung anzufordern, damit der Wald nach der kleinen Kira abgesucht werden konnte. Außerdem sollte die Puppe ins Labor um herauszufinden was das für Blut an der Puppe war. Er überließ es jetzt auch seiner Kollegin sich um Frau Maier zu kümmern.

„So, Herr Maier! Sie zeigen mir jetzt ganz genau die Stelle an der Sie die Puppe gefunden haben, " sprach er energisch.

Mit dem einem Polizisten und Herrn Maier machte er sich auf den Weg zu dem Gebüsch am Waldrand. Es war ein dichtes und ziemlich hohes Gebüsch und ein kleines Kind war darin nicht ohne weiteres zu sehen – schon gar nicht vom Hof aus.

Besorgt warf der Oberkommissar immer wieder einen Blick auf Herrn Maier. Dieser hatte den ganzen Weg hierher immer etwas Unverständliches vor sich hin gemurmelt und dabei ständig die Fäuste geballt.
Was dieser Mann jetzt für Gedanken hatte und was in ihm vorging, wagte der Kommissar sich nicht vorzustellen!
Dort wo Holger die Puppe seiner Tochter

gefunden hatte, fand Herr Begemann an einigen Blättern des Gebüsches auch noch Blutspritzer.

Er ließ den Polizisten mit Herrn Maier zurück und ging vorsichtig weiter um ja keine Spur zu übersehen. Wobei sich der Oberkommissar im Klaren darüber war, dass der Vater von Kira mit Sicherheit einige Hinweise unbeabsichtigt beseitigt hatte.

Herr Begemann blieb stehen und sah sich aufmerksam um – und richtig, dort wo das Gebüsch besonders dicht war, konnte man deutlich sehen, dass sich dort jemand gewaltsam einen Weg gebahnt hatte.

Aufmerksam und langsam, damit ihm auch nichts entgehen konnte, ging der Kommissar weiter.

Das war auch gut so, denn auf einmal sah er an einem Zweig etwas hängen: Es war ein Stück blauer Stoff, das würde passen, denn Kira hatte bekanntlich einen blauen Rock an. An einem Blatt sah er einen dunklen Fleck und Herr Begemann hätte alles darauf gewettet, dass dies Blut war.

Er sah sich nach dem Vater von Kira um. Dieser stand immer noch zusammen mit dem Polizisten und hatte einen Gesichtsausdruck der alles wiederspiegelte was sich in ihm jetzt wohl abspielte: Angst, Wut, Verzweiflung, Hoffnung.

All das fühlte auch der Oberkommissar und er hoffte nur, dass sich dieses nicht in seinem Gesicht wiederspiegelte. Aber es viel ihm wirklich schwer noch positiv zu denken, denn zu viel Schlimmes und Grausames hatte er in seinem Beruf schon erlebt. Alles was diesem kleinen Mädchen geschehen war oder noch geschehen konnte machte ihn unglaublich wütend aber auch traurig, denn in seiner Phantasie, stopp, seiner Phantasie durfte er jetzt keinen freien Lauf lassen! Er musste einen kühlen Kopf behalten wenn Kira eine Chance haben sollte aus dieser gefährlichen Situation möglichst unbeschadet heraus zu kommen.

Plötzlich hörte der Oberkommissar ein Auto mit lautem Hupen näher kommen. Verwundert drehte er sich um und auch der

Polizist und Herr Maier sahen mit Erstaunen dem Auto entgegen. Doch was hatte das zu bedeuten?

Es war das Auto des Kommissars und seine Kollegin saß darin. Jeder der drei Männer hatte ein ungutes Gefühl, dass immer größer wurde, je näher das Auto kam.

Nur noch Sekunden, dann war es soweit und Kommissarin Schöneberg hielt den Wagen an, stieg aus und kam auf die drei Männer zugelaufen.

„Kira ist wieder da, Kira ist wieder da und es geht ihr gut", rief sie vor Aufregung ganz laut. Die Männer sahen sich ungläubig und doch unendlich froh und erleichtert an. Folgendes war geschehen:

Ein befreundetes Ehepaar der Familie Maier aus dem Nachbardorf hatte sich an der Suche nach Kira beteiligt. Das Paar, selbst Eltern von zwei kleinen Kindern, war von Frau Maier angerufen worden, als diese verzweifelt nach Kira gesucht hatte. Das Ehepaar war von der anderen Seite her in den Wald gegangen und die beiden hatten dort nach Kira gesucht, aber sie auch nicht gefunden.

Als sie den Wald durchquert hatten, sahen sie am Waldrand einen Hochsitz und der Mann kam auf die gute Idee diesen zu besteigen und dort fand er Kira – fest schlafend und ein blutverschmiertes Huhn in den Armen haltend.

Er weckte sie auf und erfuhr ganz schnell was geschehen war:

Der fremde Mann war in Wirklichkeit ein unbekannter Junge aus einem Nachbarort, welcher immer wieder Steine nach den freilaufenden Hühnern auf dem Maierhof warf.

Auch heute wieder und er traf eines der Hühner. Dieses flatterte wild Richtung Wald davon, verfolgt von dem Jungen, der das Huhn dann auch am Waldrand fangen konnte. Kira sah das alles, nahm eine Abkürzung und rannte so schnell sie konnte auch zum Wald und sammelte Unterwegs in Eile noch ein paar Steine.

Sie hatte keine Angst in diesem Moment, sie war einfach nur wütend auf den Jungen. Als Kira ihn fast erreicht hatte, fing sie an mit den Steinen nach ihm zu werfen.

Dieser ließ das Huhn los, Kira konnte es blutverschmiert wie es war, fassen und rannte mit ihm durch das Gebüsch welches wir schon kennen.

Nun doch voller Angst rannte sie so schnell sie konnte durch den Wald und versteckte sich auf dem Hochsitz – den Rest kennen wir.

Alle Beteiligten waren unendlich erleichtert und Herrn Maier liefen ein paar Tränen die Wangen hinunter – die ganze Anspannung musste entweichen, dann lief er so schnell er konnte wieder zum Hof hinunter.

Herr Begemann und Frau Schöneberg sahen sich an und verstanden sich auch ohne Worte:

Auch wenn es zuerst viel Stress bedeutet hatte und die schlimmsten Befürchtungen auch berechtigt waren, zählte jetzt nur eines – Ende gut, alles gut!

EPILOG

Eine Kurzgeschichte soll unterhalten.
Sie soll spannend sein, humorvoll und
auch mal bei aktuellen Themen zum
nachdenken anregen.
Der Phantasie sind dabei keine
Grenzen gesetzt und vielleicht wird
sogar der eine oder andere geheime
Wunsch geweckt oder erfüllt.
In diesem Sinne habe ich versucht
das Buch zu schreiben.

Kurt von der Heide

Kurt von der Heide veröffentlichte in diesem Verlag auch noch folgende Bücher:

Gedichte - meine Träume

Träumen Sie mit mir

Kurt von der Heide zeigt in diesem Buch ein breites Spektrum seiner dichterischen Ausdrucksstärke.
Er lässt seine Leser teilhaben an Gedichten und Gefühlen aus dem Leben, zum nachdenken, zum schmunzeln und einfach zum genießen.

Books on Demand
ISBN 978-3-7322-4449-2, Paperback, 56 Seiten

Kurzweilige Kurzgeschichten

Wer hat schon Zeit für langweilige Langgeschichten

Egal ob Natur, Liebe oder Humor der Auto entführt sie in seine Welt von Kurzgeschichten wobei niemand vor Überraschungen sicher ist!
Entspannte Lesefreuden sind garantiert!

Books on Demand
ISBN 978-3-7322-4562-8, Paperback,
64 Seiten

Religiöse Gedichte – denn wer glaubt vertraut

Gedichte und Gebete nicht nur für Kirchgänger

In diesem Buch hat Kurt von der Heide religiöse Gedichte und Gebete geschrieben die sich ihm nach eigenen, schweren Schicksalsschlägen aufdrängten. Er möchte auch seine Mitmenschen ermutigen sich mit diesem Thema zu beschäftigen.

Books on Demand
ISBN 978-3-7322-5003-5, Paperback
60 Seiten

Lippisches Allerlei

Alles – nur kein Kochbuch

Lipper kann man nicht werden, man muss es von Geburt und Abstammung sein. Wir Lipper sind auch nicht geizig wie uns immer nachgesagt wird. Wir sind nur sparsam! Lipper sind nicht einfach nur Lipper: sie sind auch stolz auf ihr kleines Lipperland, auf die fürstliche Familie und haben mehr Humor als man ihnen meistens zugesteht!

Books on Demand
ISBN 978-3735787279, Paperback
112 Seiten